괜찮아, 내가 사랑을 들려줄게

깊은 밤 상한 마음의 고백을 품어주시는 주님의 위로
괜찮아, 내가 사랑을 들려줄게

글·그림 jiieum

규장

프롤로그

'더 이상... 못 하겠어...'
'더 이상... 못 하겠어...'

차라리
이제 그냥..

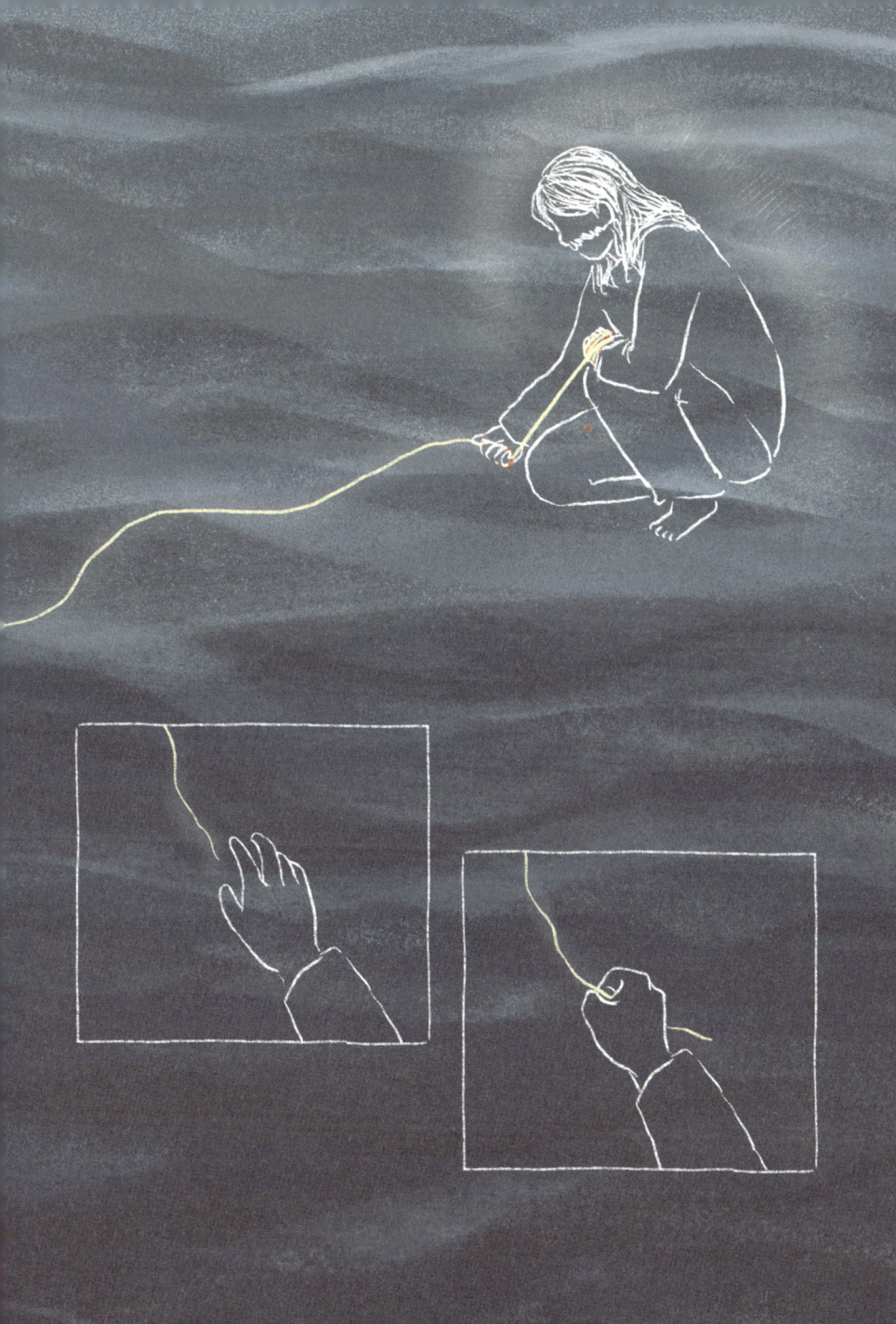

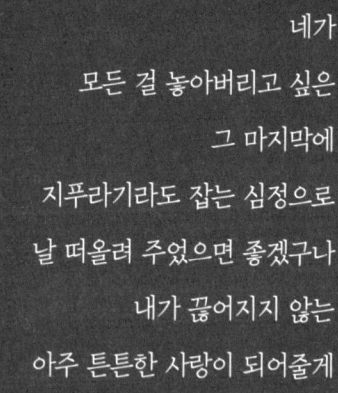

네가
모든 걸 놓아버리고 싶은
그 마지막에
지푸라기라도 잡는 심정으로
날 떠올려 주었으면 좋겠구나
내가 끊어지지 않는
아주 튼튼한 사랑이 되어줄게

외로움과 우울이 넘치고, 삭막하고 부조리한 세상인데
이런 세상에서도 너는 천국을 살아갈 수 있다고,
어떤 것도 끊을 수 없는 사랑을 받을 수 있다고,
무거운 짐을 내려놓고 쉴 수 있다고,
그렇게 우리는 계속 사랑을 듣는다.

세상의 수많은 것들을 붙잡고 떨어지고,
또다시 붙잡고 떨어지고…를 반복하며
절망 속에서 무기력함을 느낄 때
더 이상 무언가를 잡는 것조차 버거울 때

지푸라기라도 잡는 심정으로
하나님을 떠올려주었으면 좋겠다.
설령 당신 옆에 있는 교회가
눈살을 찌푸리게 만들었다고 하더라도
우리 하나님은 분명 당신에게 사랑이 되어주실 테니.

기독교가, 우리 하나님이,
내 인생에 '진짜 사랑'으로 오셨던 그 예수님이
당신과 다른 누군가에게도
마지막 지푸라기 한 올이었으면 좋겠다.

프롤로그

1부 마주하다

01	깨진 그릇	20
02	나는 왜 이 모양!	26
03	주 예수 대문 밖에	31
04	겸손 3계명	36
05	그가 먼저 사랑하셨음이라	40
06	하나님의 걸작품	45
07	흠 없길 원하노라	53
08	신앙의 거품	59
09	외로움: 홀로서기	64
10	묵상의 대상	66
11	어느 날의 기도	74
12	경험 < 하나님	77
13	자존감의 기준	84
14	마주하다	90

CONTENTS

2부 누리다

01	부은 바 된 사랑	96
02	아버지 품 안에서 난	101
03	풀지 않은 선물	104
04	일상의 하나님	106
05	소곤소곤 차곡차곡	108
06	늦게 피는 꽃	114
07	소망 : 광야에 핀 꽃 같아서	117
08	할머니 댁 작은 꽃	126
09	구하지 않았음에도	130
10	감사 : 행복교환권	134
11	참예할지어다	136
12	새 성경책	139
13	하나님의 말씀을 누리다	143

3부 선택하다

01	할 수 있는 만큼	148
02	사랑하는 기쁨	155
03	상처에 피는 꽃	160
04	사랑이 먼저야	164
05	입술의 고백	170
06	진짜 사랑	172
07	땅 위의 발버둥	174
08	단순하고, 우직하게	180
09	쿨하지 않아도	184
10	예배 : 드리고 싶어요	188
11	믿고 싶어서	189
12	예배자입니다	194
13	빛으로	196

4부 살아내다

01 제0교시 인생 영역 — 206
02 자소서 — 211
03 강당의 화살표 — 218
04 당신의 뜻만이 — 222
05 보기 원하네 — 227
06 하나님의 서술 — 233
07 손바닥에 새겨진 삶 — 241
08 삶의 모든 순간에 — 244
09 하나님의 프레임 — 246
10 견딘다는 것 — 252
11 '빠르게'보다 — 255
12 구석구석 통치 — 262
13 우연은 없다 — 265
14 성실하신 주님 — 270

에필로그

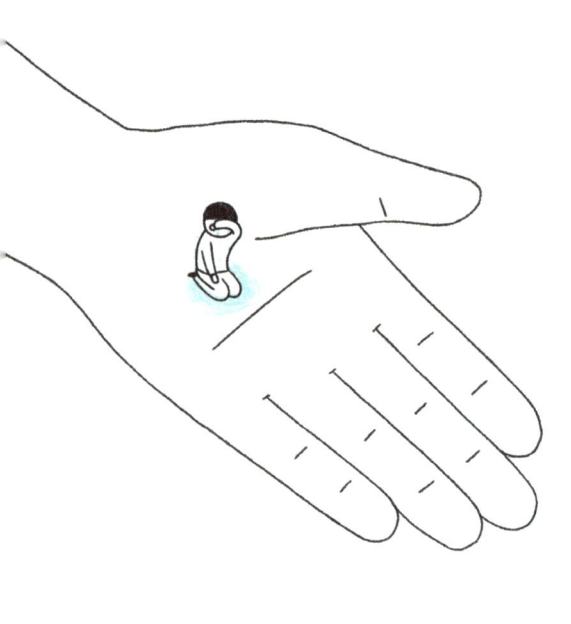

1부

마주하다

01 깨진 그릇

"왜 나만 이래요?! 아무리 갈고 닦고 노력해도 그대로예요!
결국 이 못난 모습에서 벗어날 수가 없다구요... 왜 이런 모습으로 만드셨나요..?

나는 모난 그릇이었다.

모나고, 금 가고, 이가 나간,

'그릇'이라고 불리기엔 약간 어설픈 그런 그릇.

거울을 볼 때면
'난 왜 이렇게 태어났을까'
'난 왜 이거밖에 안 될까'
'난 왜 이런 모양으로 지음 받은 거지'
'왜 쟤처럼 반짝이고 매력적이지 못할까'
자책했고, 스스로 열등하다는 생각에 묶여 지냈다.

그리고, 어느 순간부터 스스로 '예쁜 그릇이 되기 위해' 노력했다.
더 괜찮아지려고 모난 부분을 갈고 닦았다.
조각나고 금 간 부분을 꾸역꾸역 가리면서
그나마 내가 가진 모습 중 가장 매력적인 부분을 드러내고
보여주려 애썼다. 숨기고 감추었고, 다듬고 깎아냈다.

이전보다 좀 괜찮아 보이는 듯했다.
이제 나도 쟤들 사이에서 있을 만해 보였다.
그래 보였는데, 정말, 그래 '보이는 것'뿐이었다.
다듬고 깎아냈다고 해서 내가 숨기고 감춘 본래의 형태가
예뻐지고 바뀌는 건 아니었다.
매번 좌절했다.
'아직도 그대로야. 왜 난 이딴 모습에서 벗어날 수 없지?!'

하나님께 끊임없이, 몇 번이나 묻고 물었다.
"왜 이렇게 만드셨어요? 어차피 만드실 거면
좀 더 괜찮게 다듬어주셔도 되잖아요.
내가 좀 더 빛나서! 하나님을 기뻐하시게 하는 존재면
하나님도 좋고 나도 좋고, 훨씬 더 좋잖아요."

내가 토기장이의 집으로 내려가서 본즉 그가 녹로로 일을 하는데
진흙으로 만든 그릇이 토기장이의 손에서 터지매 그가 그것으로
'자기 의견에 좋은 대로' 다른 그릇을 만들더라 렘 18:3,4

"네 모습이 어떠하든, 너는 내 마음에 쏙 들어온 그릇이야♡"

토기장이가 자신이 만든 그릇을 깨뜨릴 때,
못나고 쓸모없는 그릇이어서 깨뜨리는 게 아니었다.
이가 빠졌든, 금이 갔든, 울퉁불퉁하든
그저 토기장이 '마음대로' 만들고 부순다.

나는 못나고 이가 나간, 못생긴 그릇이었지만,
결국 토기장이가 터뜨리고 깨뜨리지 않은
그의 '마음에 쏙 든 그릇'이었나보다.
그렇구나.
내 존재 그대로가
토기장이의 사랑이고 작품의 의미였구나.
쓸모 있고 없고를 따지기 전부터
난 있어야만 하는 그릇이고, 존재였다.

그리고,
깨지고 모난, 군데군데 이가 빠지고 조각난
'나'라는 그릇을
물이 새어나갈 수 있도록 생명을 심는 그릇으로
만드셨다는 걸 알게 된 건 조금 더 나중의 이야기다.

#존재자체가 #사랑이에요 #그분의

까먹지 말자. 나는 원래부터 깨진 그릇.
처음부터 부서진 조각들을
나 혼자서, 내 힘으로 메울 수 없다.
내 모난 부분들을 가꾸고 성장시키는 건 내 일이 아니야.

내 역할은 부서진 이 그릇 안에 보석처럼 들어온
'그리스도 예수' - 그 씨앗을 지키는 것.
이 안에서 섭리하시는 예수님을 통해
복음의 싹을 틔우고 열매를 맺으며 사는 것.
그날이 올 때까지
이 모난 그릇을 사랑하시는 하나님을 향해
끝없이 발버둥 치는 것.

나는 부서지고 금이 간 그릇입니다.
봐줄 것 하나 없고 좀 찌질해 보여도 괜찮습니다.
예쁘지도, 무엇 하나 제대로 담지도 못하지만
이대로도 좋습니다.
내 역할은 나를 가꾸는 게 아니니까요.
내 안에 보배가 있으니까요.

#주 안에 있는 보물을 #나는 포기할 수 없네 #주 나의 모든 것

02 나는 왜 이 모양!

며칠 전, 책을 읽는데 한 문장이 마음에 들어왔다.

자주 들어봤던 친숙한 문장이었는데

죄성을 가진 우리는 불평불만의 길을 너무 많이 만든다. 아무 생각 없이 자연스럽게 나오는 것이 불평이요, 불만이다. 하지만 이것은 하나님이 바라시는 생활방식이 아니다.

이찬수 목사님 - '감사' 中

가장 자주 생각했던
　　　불평을 하나 고르자면,

나는 대체
왜 이 모양일까요?

단언컨대 이거였다.

썩은 뿌리에서 건강한 열매가 나올 리 없었다.

애초에 나 자체가 불만이었구나..

어쩌면 내 모든 불평 불만은 이 마음 하나에서 출발했는지도..

입에 달고 살던 말인데.

시작부터 비틀린 마음은 비뚠 말과 생각을 만들었다.

맞아,
스스로의 죄를 인정하는 것과
자신을 자책하고 부정하는 건
다른 거란다

감사는 '받음'의 시선에서 바라볼 때 나오는 마음이지

나는 '네가 너여서' 기뻤으면 좋겠어. 내가 너를 그렇게 지었기 때문이야.

받을 자격이 없는데 받은 것을 '은혜'라 한다고 배웠다.
그렇다면 은혜 뒤엔 마땅히 감사가 따라야 하는데….
그렇게 "나의 나 된 것은 주님의 은혜라"라고 찬양했으면서
그 뒤엔 감사가 아닌 불평이 넘쳤던 모습을 돌아본다.
죄에 대한 반성은 회개에서 멈추어야 하는데
자꾸 선 넘어서 나를 미워하게 되는 고질병을
주님은 계속 치료하고 계시는 것 같다."
요 모양 요 꼴이어도 감사!"가 아니었구나.
"내가 나여서 감사합니다!"였구나.

내 눈에 차지 않아도 감사하고자 결단합니다!
감사가 습관이 되기를 소망합니다.

#책 #이찬수목사님 #감사

03 주 예수 대문 밖에

오랫동안
주님을 마음 문밖에 세워둔 채,
자물쇠 꽁꽁 채우고 지낸 적이 있다.
말로는 그 누구보다 열심히
하나님과 동행했지만
정작 내 마음 한 켠조차도
내어 드리지 않았다.

주님께 엎드려야 한다고,
혼자 힘으로는 끊어낼 수 없는 죄의 뿌리들과
풀어낼 수 없는 환경들을
그 발 앞에 내어놓고 간구해야 하지 않겠냐고
계속 마음을 두드려오는 양심에
눈 감고 귀 막은 채 딴청 피웠다.

그러나 나의 하나님은 '포기'를 모르는 분이셨다.
문밖에 그분을 세워두는 동안
단 한 번도 그 자리를 떠나지 않으시고,
발 동동 구르며 기다리셨다.

결국 꼬일 대로 꼬인 내 생각들과 상황에 못 이겨
십자가 아래 다시 무릎 꿇었을 때. 기다렸다는 듯
꽉 끌어안아 주시는 주님 손에는 열쇠가 있었다.
꼭꼭 닫아 잠가둔 문을 충분히 열고 들어오실 수 있는데도
문밖에서 계속 기다리신 것은
순전히 '나의 의지'로 문을 열기 바라셨기 때문이다.

충분히 내 마음에 개입하여
그분 앞으로 끌어오실 수 있으셨지만,
인내의 결정체이신 당신은
내가 스스로 나오길 이번에도 기다리셨다.
한없이 너그러우신 주님의 품에서
오늘도 연약한 내가 받아들여졌다.

주여, 내 안에 오셔서 좌정하사 나를 떠나지 마소서.

04 겸손 3계명

심령이 가난한 자는
복이 있나니
천국이 저희 것임이요.

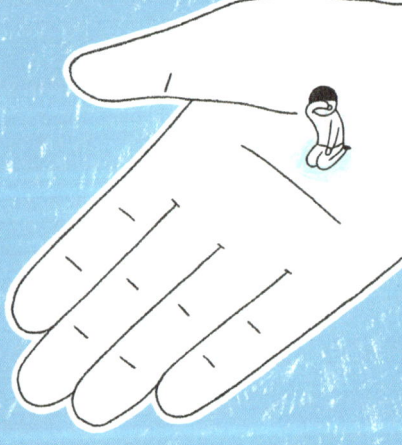

폭풍 같은 하나님의 신호에
정신 번쩍 차리고 펑펑 울면서 기도했다.
끈적끈적한 이 교만의 죄악에서 벗어나고 싶다고.

어떻게 몰랐을까.
어떻게 그렇게도 둔했을까.
마음에 사랑이 줄었는데.
다툼이 잦아지고 미움이 늘었는데.
목이 뻣뻣해지고 마음이 굳어졌었는데.
하나님 목소리에 음소거 해두고 있었는데.

경건 생활과 하나님을 사랑하는 마음이
'결과물'이 되는 그 순간,
내 안에 교만이 들어선다.
흘러넘친다.

긴장의 끈을 놓으면, 사단이 바로 슬쩍 발을 들이민다.
그분을 향한 사랑과 열정을 야금야금 갉아먹고,
그 자리에 교묘하게 '자랑'을 갖다 놓는다.

예수 그리스도로 생명을 얻고 살아가는
'교회'라는 사람이
내 눈으로 내 손가락으로 살아가고 있었다.
부끄럽기 짝이 없다.

언제나 그분의 도움을 간구하는
'마음이 가난한 사람'이고 싶은데
하나님 없이 내 '성취감'만으로 마음이 풍족해진 거다.

하나님, 가난한 마음을 갖게 해주세요.
절절하게 하나님의 손길만 구하는 가난한 심령을 원해요.
교만을 끊어내고 죄를 죽음보다 미워하게 해주세요.
하나님께서 주신 것, 하나님께서 하신 것을
내 공로로 가로채고 싶지 않아요.
더러운 이 눈과 손을 정결하게 해주세요.
매일 죄와 싸우고 이기게 해주세요.

05 그가 먼저 사랑하셨음이라

하나님을 향한 내 사랑과 믿음은
정말이지, 너무너무 약하고 불안정해서

현실에 불평하고 그분을 원망하며, 신실하신 그 계획초차 불신한다.

아니 주님!!
저한테 진짜 왜!!
왜 이러세요!!
저만 이러고 살잖아요!!

이젠 주님 목소리도
잘 안들리고, 주님
뜻도 모르겠다구요!!
살아계신 거 맞죠?!

부끄럽지만 때로는 당신의 존재마저 의심할 정도로,

내 믿음과 사랑은 시도 때도 없이
흔들리고, 조각나고, 구겨져 빛 바랜다.

…그냥
물에 젖은
휴지뭉치였나

…
이런 내 믿음
싫다…

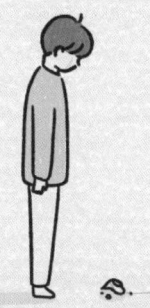

그럼에도 불구하고,
내가 이렇게 불완전한 마음으로도
당신을 계속 만날 수 있는 건,

어설프고 작은 이 사랑조차 붙들어 매시고
마음 가득 기뻐하시는,
단단하고 강인한 사랑이 당신께 있기에.

시편 13편에서 시인은 죽음의 문턱에서
하나님의 침묵에 괴로워한다.
"언제까지?! 언제까지 이렇게 저를 잊고 계실 거예요, 주님.
언제까지 괴로워야 합니까? 언제까지….'
그렇게 탄식하다가도 시인은 마침내,
하나님의 한결같은 사랑을 의지한다고 고백한다(5절, 새번역).

나는 어떨까.
고통스런 현실에서,
하나님과 멀어진 듯 그분의 음성이 들리지 않는다면
나는 "당신의 한결같은 사랑을 여전히 의지합니다"라고
말할 수 있을까?

자신이 없었다.
나는 당신을 사랑한다고 고백했지만 내 말은 너무 가벼웠다.
믿는다면서도 결정적인 순간에는 의심하기 일쑤였고,
때론 살아계심조차 와 닿지 않는다고 말했다.

이런 나약한 믿음과 사랑으로
내가 인생의 반을 하나님 안에서 살아올 수 있었던 건
찢어지고 조각난 내 믿음을 아주 굳게, 단단하게 붙드시는
그분의 사랑이 있어서다.

주님이 날 잡고 계셨기 때문에
주님의 강인한 사랑이 먼저 날 사랑하셨기 때문에
저는 당신을 사랑할 수 있습니다.

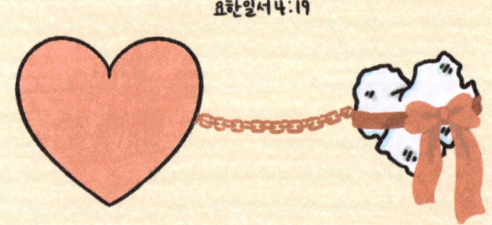

우리가 사랑함은
그가 먼저 우리를 사랑하셨음이라

요한일서 4:19

06 하나님의 걸작품

'하나님의 걸작품'이란 말 있잖아.

사실 나는 이 말을 들었을 때 '아멘'이라고 대답은 하는데,, 정작 이 말을 받아들인 적이 별로 없더라?

한 번도 없을지도 몰라

하나님이 그렇다 하시면
이유 불문 그런 거다!!
그래, 우리는 걸작품이야.

내 인생 정말 다행이다.
예수 믿고 나서 얻은 가장 큰 복을 묻는다면
나는 이걸 말할 것 같다.

자존감 밑바닥까지 낮아서 사람들 사이에서 치이고 쩔쩔맸던,
혼자 안절부절 매여있던 못난 내 모습을
하나님은 "OK! 괜찮아!" 하며 너그럽게 받아주셨고

내가 나를 엄청엄청 사랑하고 인정하지 못해도
(안 하는 게 아니다. 못 하는 거…)
나보다 날 사랑하시는 그분이 계셔서,
털끝만큼이라도 내가 사랑스럽고 소중하게 느껴질 때가
이따금 생겼다는 것.

나를 사랑하라고,
다른 사람이 날 사랑해주지 않는다고 말하는 이 시대에
내가 하나님을 믿을 수 있어 다행이다.
하나님께 이 작은 믿음 얻을 수 있어 다행이다.
대가 없이, 조건 없이 그냥 믿을 수 있어 다행이다.

야곱아 너를 창조하신 여호와께서 지금 말씀하시느니라 이스라엘아 너를 지으신 이가 말씀하시느니라 너는 두려워하지 말라 내가 너를 구속하였고 내가 너를 지명하여 불렀나니 너는 내 것이라 … 네가 내 눈에 보배롭고 존귀하며 내가 너를 사랑하였은즉 내가 네 대신 사람들을 내어 주며 백성들이 네 생명을 대신하리니 사 43:1,4

07 흠 없길 원하노라

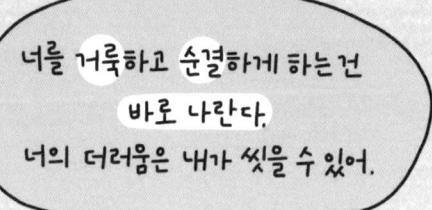

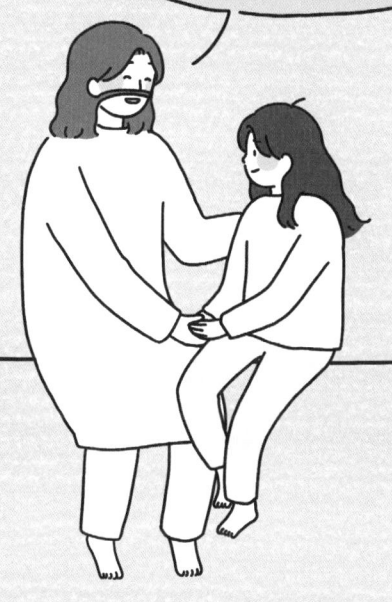

누군가에게 "흠이 있다"라고 말하면
그 사람의 부족한 부분, 실수, 연약함, 무능함 등을 떠올린다.
그런데 우리 주님은 '흠'을 조금 다르게 보시는 것 같다.
물질, 명예, 경력, 겉치장, 지식 등으로 자신을 꾸미고
흠 없는 듯 멋지고 괜찮게 사는 사람보다

가진 것, 할 줄 아는 것 없고 초라하고 지저분하더라도
이런 본래 모습을 깨닫고 하나님 앞에 괴로워하는 사람에게
주님은 "흠이 없다" 하신다.
경력과 지식, 괜찮은 삶과 외모를 보는 시대인데
나를 가꾸고 괜찮은 사람인 척하지 않아도 된다니.
하나님 말씀이 이렇게나 시대에 동떨어져서
보잘것없는 나에겐 큰 위로가 된다. 기쁨이 된다.
그러므로 내가 할 일은
약하고 초라한 모습을 가꾸려고 아등바등하는 것이 아니라
오직 길과 빛 되시는 하나님 말씀을 더욱 지키며 살아가는 것.
주께서 내 초라함을 보시고도 흠이 없다 어여쁘다 하셨으니
하나님께서 보시는 나의 행실에도 흠이 없길 원합니다.

평강의 하나님이 친히 너희를 온전히 거룩하게 하시고
또 너희의 온 영과 혼과 몸이 우리 주 예수 그리스도께서
강림하실 때에 흠 없게 보전되기를 원하노라

살전 5:23

나의 사랑 너는 순전히 어여뻐서 아무 흠이 없구나

아 4:7 개역한글

08 신앙의 거품

내 신앙에는

 거품이 없었으면 좋겠습니다.

외면하고 모른 척 했던
모든 외식을 걷어내고

알짜배기 '진짜' 신앙만 남도록.

비록 그 신앙의 모양새가 조금
볼품 없고, 초라하다고 해도

나의 중심을 보시는 당신 앞에
믿음의 허세와 치장은 내려놓고 싶습니다.

한 방울 한 방울 '진짜 고백'으로
믿음의 잔을 채우고 싶습니다.

내 신앙이라고 생각한 모습들이 내 신앙이 아니었던 때가 있었다.
누군가의 시선이나 기대, 나의 위치, 혹은 환경이
내 안에 허탄한 신앙과 고백을 쌓아 올렸다.
알고 보니까, 아니 인정하고 보니까 그렇더라.

몸으로 삶으로 살아낸 믿음이 아니라
허풍 허세 가득한 믿음이 있었고
내 고백으로 만들지 못하고 그저 문장만 토해낸
가짜 고백도 있었다.

마치 거품 가득 낀 커피처럼.

허세와 치장을 다 빼고 본 알짜배기 나의 신앙은
정말 어설프고, 의심 많고, 두려움 많고, 연약하다.
속 쓰리고 뼈 아픈 팩트.

그래도 그래도 이렇게 나의 믿음을
중간점검 하시는 때면
낯 뜨거워지는 마음을 꾹 참고 바라게 된다.

믿음의 한 톨도 가짜로 채우고 싶지 않다고.
제대로 우려낸 한 방울의 고백으로
찐 믿음으로
주신 빈 잔을 채우고 싶다고.

나그네 같은 이 인생길에서
당신을 믿으며 산 시간이
그저 빛 좋은 개살구이지 않길 원합니다.

09 외로움: 홀로서기

혼자 있는 시간을 지혜롭게 보내지 못하고
외롭고 허전해서, 또는 지루해서
다른 것들로 그 시간을 채운다.
넷플릭스, 유튜브, 통화, 잠, 영화, 책 등….
어느 순간 혼자 있게 되면 외로움에 빠지는 나를 보게 된다.

정신없는 소음, 대화, 이야깃거리, 화제, 많은 이슈 사이에서
하나님과 단둘이 시간을 보내며
고독의 시간을 누릴 줄 알아야 한다.
그 시간에 영성이 튼튼해지고 자란다.

엘리 제사장이 사무엘보다 하나님의 음성을 잘 들었음에도,
여호와 하나님께서는 몇 번이고
사무엘이 혼자 있을 때 찾아오셨다.
내가 혼자 있는 시간에 하나님을 초청하고,
조용히 하나님과 독대하는 시간이 필요하다.

10 묵상의 대상

광야를 헤매며 모세와 하나님께 원망과 불평을 늘어놓다가

하나님께서 보내신 불뱀에 물려
고통받게 된 이스라엘 백성들.

하나님께서는 이스라엘 백성들이 회개했을 때
장대 위 놋뱀을 쳐다보는 이들의 생명을 약속하신다.

그런데 불뱀에 물려 고통스러워하는 그들의 모습에
내 모습이 오버랩되었다.

뱀에 물린 상처만 보고 있으면 마치 상처가 사라질 것처럼,
나를 더 깊이 알아야 더 괜찮아질 것 같았다.

그래서 내 모습, 내 과거, 내 상처 등을 곱씹으며
끊임없이 '나'만을 묵상했다.

'나'에게 포커스가 맞춰진 시대에서 살고 있다.
나는 어떤 사람인지, 내가 어떤 생각을 하는지.
어떤 모습의 '나'로 살아야 하며,
어떻게 살아야 행복할 수 있는지.
SNS에 떠도는 명언과 조언 중 근래 가장 많이 본 글귀도
자존감, 나다운 삶, 나의 행복에 관한 내용이었다.

인정하기 싫을 만큼 부끄럽지만, 나도 다를 것 없었다.
내 머릿속에는 늘 생각이 꽉 차 있었는데,
그중 상당수가 나에 대한 고민들이었다.
현재의 내 마음, 내 환경, 내 신앙.
어떤 사람이 되어야 하며, 또 어떻게 살아야 하는지.

더 행복한 삶을 살고 더 나은 사람이 되고자 하는 욕심이
나의 시선을 하나님이 아닌 내게로 떨어뜨렸다.
마치 아픈 상처를 바라보며 쩔쩔맸던 이스라엘 백성들처럼.

그러나 상처에서 눈을 들어 하나님 주신 놋뱀을 보고
생명의 구원을 얻었던 이스라엘 백성들처럼

답이 안 나오는 듯한 내 생각에서 벗어나
눈을 들어 하나님을 바라보면

하나님의 백성이 스스로를 대하는 방식은
세상과는 사뭇 다른 것 같다.
나를 알아가기 위해 내 안에 집중할수록
우울, 아픔, 상처, 죄가 더욱 짙어진다.

나의 모습을 바라보는 시선을 들고
그저 선하신, 사랑이신 하나님을 볼 때
변하지 않는 정체성을 의지하게 된다.

그러다 문득,
QT책이 내게 늘 같은 질문을 던지고 있다는 것을 알았다.
하나님은 어떤 분이시냐고,
나에게 하나님이 뭐라고 말씀하시냐고.
하나님만 생각하도록 되어 있다.
물론 말씀을 묵상하다 보면 내 상황이 떠올라 위로를 얻거나,
마음에 찔림을 받아 나의 죄를 떠올리는 과정이 있지만,
요점은 그게 아니다.
묵상의 대상은 내가 아니라 하나님이다.
내가 어떤 사람인지, 어떻게 달라져야 하는지,
내 자존감, 내 모습, 내 상처를 생각하는 것이 아니라
'하나님이 어떤 분이신지' 생각하는 것이 먼저 된 순서였다.
나를 가꾸기 위해서 내가 아등바등하지 않아도
하나님을 묵상하다 보면 자연스레 그분을 닮아가게 된다.

그러니 이제 내 문제에서 고개를 들고 하나님을 바라봅니다.
주님을 깊이 생각하고 묵상함으로 예수 닮게 하소서.

11 어느 날의 기도

주님, 제 삶이 중요하면 얼마나 중요하겠어요..
제가 열심히 사는 게, 주님보다 귀하면 또 얼마나 귀한가요..

나는 단지 하나님께서 나를 살리셨고,
나를 새롭게하셨고, 의롭게하셨고
구원해주신 그 감격으로 살 뿐인데요..

나를 살려주신 하나님,
그 감격을 전하며 살고 싶어요,
그 감격에 사로잡혀 살고 싶어요..

종종 밤 늦게, 새벽 늦게, 또는 이른 새벽에
하나님이 마음에 덜컥 찾아오신다.
예상치 못한 방법으로, 예상치 못한 타이밍에
내 마음을 울리신다.

오늘이 그랬다.
평소보다 조금 더 잠이 안 왔을 뿐이다.
도저히 풀리지 않는 그림을 멈춰두고
잠들기 전에 이것저것 영상을 찾아보는데,
"무엇도 아닌 저를 살리신 주님께 모든 영광을 바친다"라는
누군가의 고백이 마음을 쿵 울렸을 뿐이다.

주신 이 삶을 열심히 살고 싶어서
또 지혜롭게 살아내고 싶어서
삶의 예배를 고민했고, 그분과의 동행을 고민했다.
그 속에 숨겨진 자기만족을 발견하지 못하고.

결국 이 노력 또한 나의 삶, 나를 위한 거였구나.
내가 도로 품어야 할 마음은 구원의 기쁨임을
조곤조곤히 말씀하시는 하나님 앞에서
나는 다시 말을 잃는다.

아무것도 아닌 저를 살려주셔서 감사해요.
살리신 그 감격이 나를 움직이는 삶을 살고 싶어요.

아무것도 아닌 저를
살려주신 주님 감사합니다..

12 경험 < 하나님

왜 세월이 지날수록, 경험이 많아질수록 고집이 세어질까?
타인의 조언이나 마음에 귀 기울이지 않는
세상이 되어가는 것 같기도 하고.
부끄럽지만, 사실 이건 누구보다 내 모습이다.
"내 경험상 이러니까 너도 그래야 해!"보다(이건 정말 꼰대!)
"내 경험상 이게 맞으니까, 뭐라고 하지 마!"에 가깝다.

나는 하나님 앞에서, 또 내가 경험한 복음에 대해서
소신 있게 살고 싶었다.
그런데 내가 소신이라고 생각했던 것들이 시간이 지날수록
내 주장과 억지, 합리화가 덕지덕지 붙어서
때 묻은 '고집'이 되었다.
이 고집은 결국 그분의 뜻마저 부정하게 했다.

정말 교만 중의 교만은
하나님마저 나의 틀 안에 가두어 생각하는 것.
'이럴 때 하나님은 이렇게 하시는 분!'이라고
내 상황에 맞추어 하나님을 정의 내린다.

잠언이 거듭 소리치는 말씀 중 하나는
"훈계를 가까이하고, 꾸지람을 싫어하지 말라.
가르치는 이의 목소리를 놓치지 말라"인데
나는 이것들을 되려 손사래 치며 피하고,
내 경험과 생각대로 움직인다.

언제나 가장 옳으신 분은 오직 주님이시다.
정답은 '내 경험 속 하나님'이 아니라
하나님 그분 자체이시다.

내가 묵상해야 할 것은
내가 경험했던 그 사건이 아니라 성경 속 하나님,
성령님을 통해 깨닫게 하시는 하나님이다.
하나님과 함께 견뎌온 시련과 시험들은
그분을 향한 신뢰를 단단하게 하고, 그것으로 충분하다.

내 생각에 갇혀 살아가지 않기를.
목이 곧은 사람이 되지 않기를.
나의 소신을 지키는 것보다
하나님 그분 자체만을 구하며 살기를.

13 자존감의 기준

어느 날 하나님께서 말씀을 통해
내 '자존감의 기준'을 비추어 주셨다.

'나는 소중하고 가치 있어! 존재 자체로 특별해!'
라고 생각해왔는데
마음 속에서 의문이 피어올랐다.

사실 생각해보면
나는 내게 주어진 것들로 나의 가치를 측정하고 있었다.

나를 가치있게 만들어주는 것들 없이는
스스로 소중하고 특별한 존재라고 자신할 수 없었다.

마치 멋진 아이템을 다 해제한 기본 캐릭터처럼
하찮고, 별 볼 일 없어질 것 같았다.

하나님은 외모로 사람을 보시는 분이 아닌데
내 자존감의 기준은 모두 '겉모습'에 있었고,

하나님은 이렇게 부끄러운 내 기준과 생각을
모두 꿰뚫어보고 계셨다.

주님., 세상의 평가나 기준에
내 가치를 맡기고 싶지 않아요.

이미 당신이 정해주신 나의 가치를
언젠가 말라버릴 것들로 덮어버리지 않게
주님께서 제 기준이 되어주세요.

"내가 다 가져가도, 너에게 정말 아무것도 없어도
넌 꿀릴 것 없는 특별한 존재라고 말할 수 있니?"

베드로전서 2장 9절을 통해 물어보시는 하나님의 질문에
자신 있게 대답하지 못하는 내가 짜증 날 정도로 부끄러웠다.
"하나님은 있는 그대로를 사랑하셔"라는 말에 아멘! 해왔는데,
거꾸로 '아무것도 없는 나'를 생각해보면
괜히 어깨가 움츠러들고 고개가 떨어진다.

더 견딜 수 없었던 건,
내가 약하고 능력이 없을 때는
내 모습 그대로를 사랑하시는 하나님께 위안을 얻었으면서
내 손이 채워지자마자 바로 뒤돌아
세상 기준에 나를 맞추어 비교하며 만족해했던
한없이 간사한 내 모습이다.

사실 이런 모순을 스스로도 알고 있었지만,
인정하기 싫었는지도 모른다.
그런데 하나님이 자꾸 꺼내신다.

똑바로 마주하게 하신다.
정말 나한테는 선한 것이 하나도 없구나.
내 숨겨진 생각이 드러나고, 벗겨질수록 진짜 죄악 그 자체다.

내 더럽고 교만한 생각을 마주하고 인정하는 게 고통스럽지만,
모르는 척 합리화하면서 사는 것보다 훨씬 낫다.

이렇게 해서라도 예수님의 성품을 조금 더,
발끝만큼이라도 닮아가고 싶어요.

어떠한 조건 없이,
아무것도 가지지 않은 모습 그대로도

'택하신 족속이요 왕 같은 제사장들이요
거룩한 나라요 그의 소유된 백성'이라고 하신
주님의 말씀을 의지하길 원합니다.

14 마주하다

필요를 따라 걷다보면

나는 결국

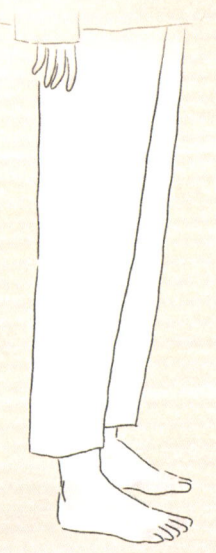

다시

'삶'에 필요한 것을 따라가다 보니,
결국 종착역은 주님이었다.

그분과의 대화 없는 하루는
평소와 다를 바 없어 보여도 색이 바랬고
내 마음만 까매져 갔다.

당신과 마주 섭니다.

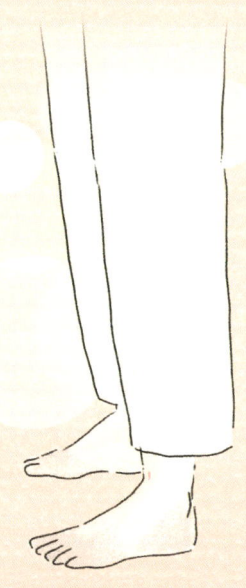

돌고 돌아 당신께로 돌아올 수 있음은
오롯이 당신의 은혜입니다.

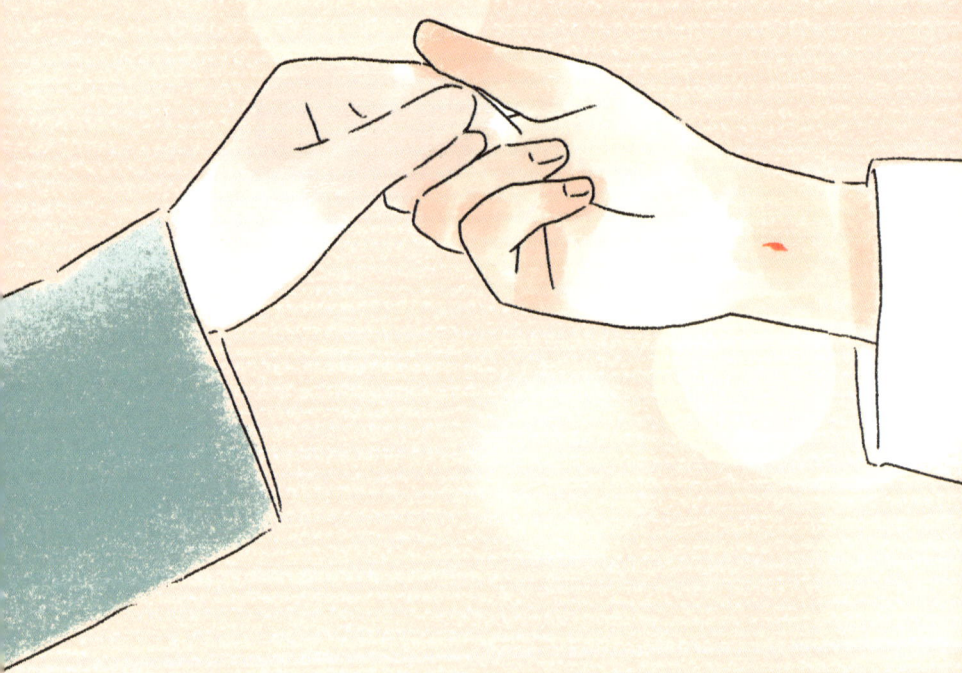

나의 걸음 끝에는 언제나 당신이 계십니다.
나는 꼭 당신이 필요합니다.

돌고 돌아도 내 앞엔 당신이 계셨고,
돌고 돌아도 나는 주님 없이 살 수 없었다.
내 믿음이 단단해서도, 굳건해서도 아니다.
강력하게 붙드시는 오직 주님의 은혜다.
결국 그분을 찾아오게끔 사랑하시는 은혜다.

나는 살아가기 위해서 주님이 너무 필요합니다.
어제보다 오늘 더 필요한 주님을 다시 마주합니다.

2부

누리다

01 부은 바 된 사랑

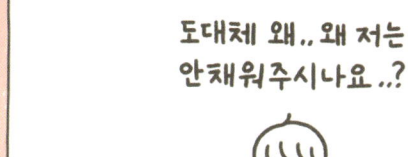
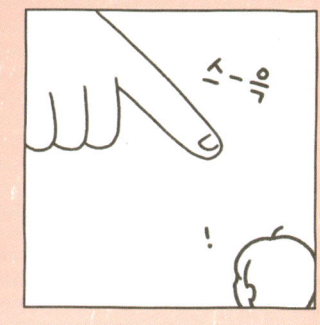

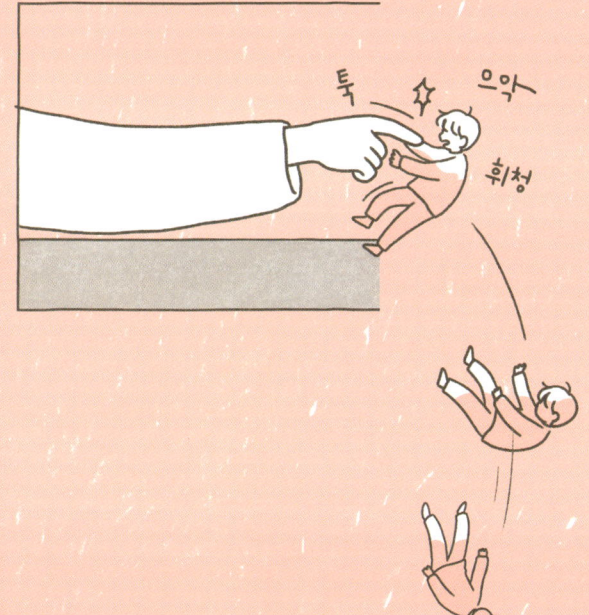

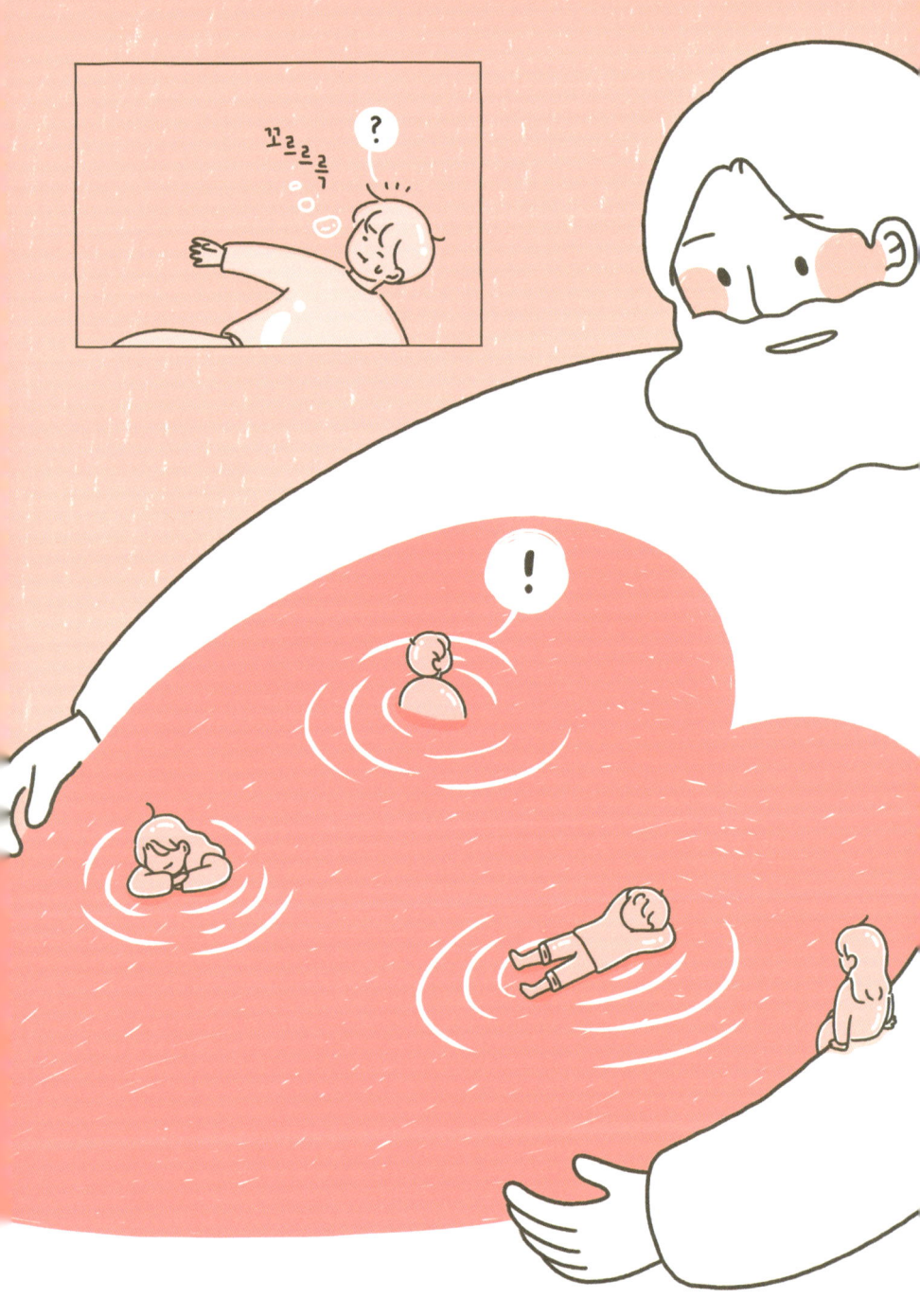

예전에 로마서를 읽다가 정말 스치듯이 본 구절에서
단어 하나가 눈에 띄었다.

소망이 부끄럽게 아니함은 우리에게 주신 성령으로 말미암아
하나님의 사랑이 우리 마음에 '부은' 바 됨이니
우리가 아직 연약할 때에 기약대로 그리스도께서
경건치 않은 자를 위하여 죽으셨도다 롬 5:5,6 개역한글

하나님의 사랑을 내 마음에 채워달라고,
나는 아직 하나님의 사랑이 부족하다고, 더 필요하다며
하나님께 나름대로(?) 그 사랑을 구했는데
알고 보니 그 사랑은 이미 내 마음에 '쏟아부어지고' 있던 거다.
마치 잔에 물이 차다 못해 넘치는 것처럼.
공허한 사람의 마음에
하나님으로밖에 채워지지 않는 그 빈 자리에
예수 그리스도의 죽음과 다시 사심을 통해
하나님께서 '확증된 사랑'을 아예 쏟아붓고 계셨다.

하나님은 사랑이시다!
그저 사랑이 '많으신 분'이 아니라
그냥 사랑 그 자체이신.

사랑의 수도꼭지를 틀어놓고
졸졸졸 마음 안에 채워주시는 게 아니라,
나를 '사랑의 수영장' 안으로 밀어 넣으신다. 빠뜨리신다.
성경이 말하듯이 우리가 하나님 안에 거하고
하나님께서 우리 안에 들어오시는 순간,
우리의 비었던 모든 파편 안에
그 사랑이 넘치도록 밀어 넣으신다.

그래서 부족함이 없으시고, 완전하시다.
사람의 감정이나 기분은 변덕스러워서
비록 이 부은 바 된 사랑을 '느낄 수 없는' 순간이 있다 한들,
이미 진리인 성경이 '그렇다!'라고 결론내렸다.
나는 그렇게 터질 것같이 부어진 사랑을
터뜨려주면 되는 거였다.

02 아버지 품 안에서 난

어제 지인과 얘기하면서 나는 '조금 더 성장하기 위해
발버둥치는' 사람이라는 것을 새삼 다시 느꼈다.
'완벽하지 않은 완벽주의자'여서,
이상적인 내 모습을 정의해두고
현실을 보며 자책하고 후회하기 전문가!

그렇게 아등바등 살다가 교만 혹은 자책의 늪
둘 중 하나에 빠져버리는 나에게
하나님은 참 여유(?)로우시다.

서두르지도, 조급해하지도 말아라.
있는 모습 그대로 오렴.
너무 멀리 보며 염려하지 말고
지금, 오늘을 나와 함께 살자.
내가 널 다 알고, 아는 그대로 사랑한다.

잔잔하고 따뜻한 주님의 음성을 따라가다 보면,
신기하게도 성장하고 달라진 내 모습이 아닌
지금 내 모습을 받아들이게 된다.
주님의 여유로움을 닮아가게 된다.

잊지 않으려고 해요, 주님.
하나님이 내 전부이신 것처럼
나도 하나님의 전부입니다.

* 아버지 품 안에서 난 : ⓒ 2009 Anointing Music. Administered by KwangsooMedia. All rights reserved. Used by permission.

03 풀지 않은 선물

마음의 웅덩이에서 살던 나를 번쩍 들어
꺼내 올리신 분은 예수님.

피해의식, 자책감, 자괴감, 자기연민….
이 까맣고 깊은 늪에서 도저히 벗어날 수 없을 것 같았다.
내 인생은 왜 이럴까.
몇 번이나 일기장을 자책과 날 향한 원망으로 채우고 나서야
주님을 만났다.
정확히 말하면, 내 안에 계셨던 그분을 발견했다.

언제나 내 안에 계셨던 그분이 바로 고통의 출구였다.
예수님의 존재는 알았지만 그분의 능력을 몰랐기에 누릴 수 없었다.
그분의 보혈이 나를 모든 아픔을 치유한다는 것을 나중에 알았다.
자책으로 얼룩진 나를 깨끗하게 하는 주님의 능력을 그제야 깨달았다.
그분을 마주한 이후, 나는 이토록 자유하다.

이유도, 조건도 없이 받아 마음 한 켠에 방치해두었던
먼지 쌓인 선물상자를 이제야 제대로 풀어봅니다.
예수님, 상자 안에서 얼마나 갑갑하셨나요.
이제야 주님의 존재를 제대로 풀어보고, 누리네요.

04 일상의 하나님

고등학교 때 썼던 일기를 다시 읽다 보면
뭔가 레퍼토리가 비슷하다는 생각이 들곤 한다.
잘 살다가도 세상에 동화되어 주님을 잊고 사는 나.
그러다 좌절해서 넘어지면 하나님께서 극적인 타이밍에
딱 적절한 말씀으로 날 일으키시고,
난 다시 주께로 폴.인.럽!
주로 이런 순서다.
아마도 사춘기 감성을 가진 고등학생 때는
그렇게 드라마틱한 하나님의 모습만이 보였을 거다.

하지만 나의 하나님은
늘 극적인 타이밍만 노리고 등장하는 분은 아니시다.
하나님을 알면 알수록, 하나님의 타이밍은
너무나도 알기 어렵다. 동시에 쉽다.
하나님은 아주 '일상적'인 분이시니까.

내가 넘어져 좌절할 때만 음성을 들려주시는 분은 아니시다.
매일 매일 순간순간 새롭게 내게 말을 거신다.
다만 내가 깨닫지 못했을 뿐이다.
일상 속에서 말을 거시는 하나님의 음성에 더 귀를 기울이면
생각보다 더 많은 말씀을 우리에게 전하고 계신다.

그 이름은 임마누엘이라 하리라 하셨으니
이를 번역한즉 하나님이 우리와
함께 계시다 함이라 마 1:23

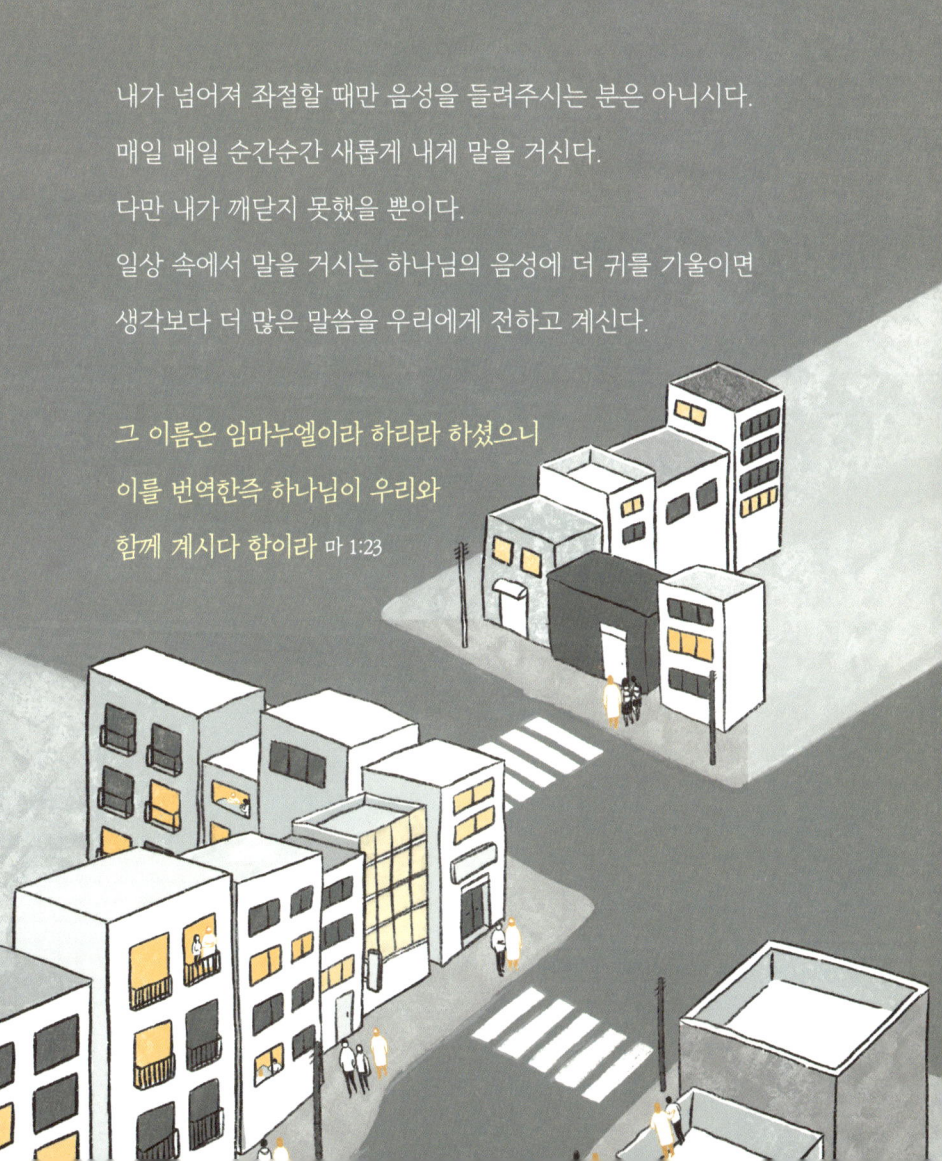

05 소곤소곤 차곡차곡

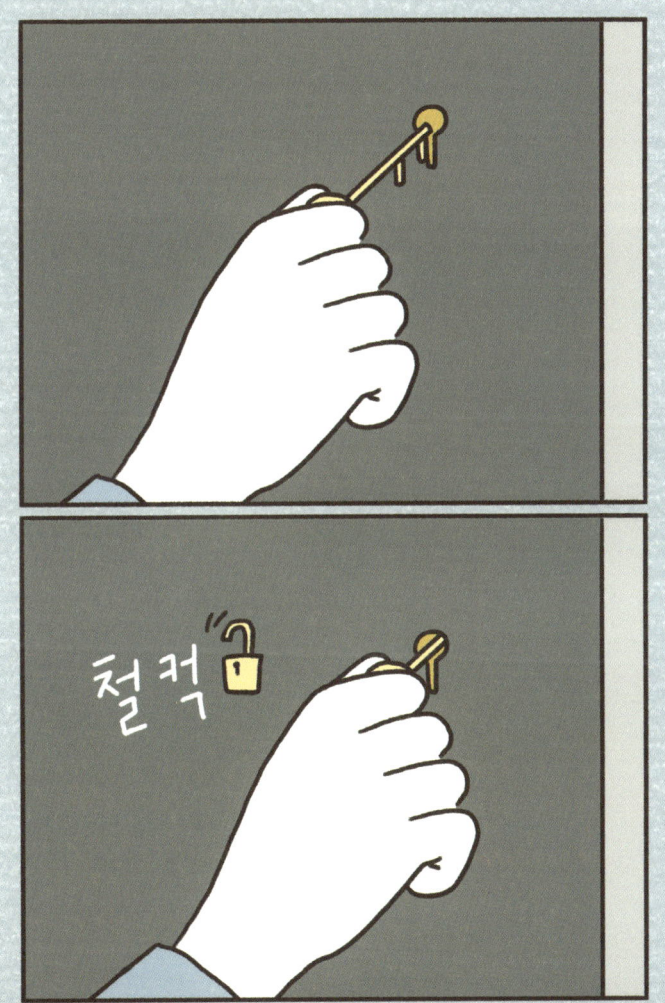

하나님의 말씀에 귀 기울이고 묵상한 내용들이
마음에 차곡차곡 쌓이면
그분은 내가 무엇을 하든지 어디에 가든지
내 옆에서 손을 잡은 채로
내가 해야 할 말, 가야 할 길을 소곤소곤 일러주신다.
그때그때 필요한 말씀을 꺼내서
기억나게 하시고, 보여주시고, 들려주신다.

**하나님의 속삭임에 귀 쫑긋 세우기 위해서
오늘도 마음속에 당신의 말씀을 차곡차곡 쌓아갑니다.**

06 늦게 피는 꽃

한 그루 나무에서
자라는 나뭇잎도

똑같은
울타리 안에서
피어난 꽃들도

심지어
같은 줄기에서
맺히는 열매도

햇빛따라 비따라
물들고, 만개하고,
시들고, 바스러지는
각자만의 시간이 다른데

너의 시간이 오지 않는다고
불안해 할 이유가 있을까.
마음 편히 지금의 아름다움을 누리렴.

때에 맞추어 걸어가는
네 시간도, 색깔도 어여쁘구나.

07 소망 : 광야에 핀 꽃 같아서

'소망'은 마치 메마른 광야 같은 마음에
곱게 피어난 한 송이 꽃과도 같다.

그 한 구석에서
고요하고 단정하게,
그러나
넘치는 생명력을 한가득 품고
피어난
꽃

이 작고 연약한 꽃 한송이가
아무것도 할 수 없는
삭막한 무기력 속에서
희미하게 '아직'을 외친다.

나를 봐 나는 여기에서 피어났어 아무것도 없는 여기 광야에서.

그 분이 아니면 할 수 없어

예전에 무려 7년 간 내릴 비가 12시간만에
다 쏟아진 사막의 사진을 본 적이 있는데
그 사막은 흔히 생각하는 사막과는 전혀 다르게
정말 아름답고 풍성했다.

메마르고 텅 빈 광야와 사막을
아름다운 꽃밭으로 바꾸는 건,
우리의 노력으로 '결코' 할 수 없다.

생명력 없는 그 척박한 곳에
내가 물을 아무리 열심히 뿌려봐야

넉넉하게 비를 내리시는
하나님의 은혜만이 필요함을
더 느끼게 될 뿐이다.

그러므로 하나님,
주께서 이 메마른 마음에 피우신
한 송이 희망을 바라봅니다.

광야에 핀 한 송이 꽃조차 하나님이 주신 건데
그 한 송이로 꽃밭을 꿈꿀 수 있는 '소망'을 주심은
얼마나 큰 은혜일까요!

더이상 희망이 없다고 느낄 때
절망 앞에서 우는 것 말고는 할 수 있는 게 없을 때
하나님 주신 소망을 바라봅니다.
나의 눈물을 기억해주세요.

08 할머니 댁 작은 꽃

할머니 댁에 놀러 갔을 때,
베란다 화분에 작게 피어난 꽃을 보았다.
꽃봉오리인지 만개한 꽃인지
구별이 잘 안 될 만큼 작은 꽃이었다.
주변에 더 크고 화사한 꽃이 활짝 피어있었는데도,
홀로 봉오리를 높이 피워올려 곱게 뻗어있던
그 작은 꽃이 내 시선을 사로잡았다.

다른 이들이
하나님 앞에서 얼마나 아름다운 꽃을 피워내든,
어떤 멋지고 동경할 만한 삶을 살아내든,
나는 이미 그들과 다른 꽃이다.
장미가 아무리 예쁜 빨간빛을 띠어도
추위를 이겨내는 붉은 동백이 될 수 없듯이,

내가 아무리 다른 사람의 삶을 부러워하고
동경하며 그들을 따라 한다 해도
나는 처음부터 잎도, 꽃 모양도 그 사람과 다르다.

하지만 하나님은,
내가 크고 화사한 꽃들 사이에서도
그 작은 꽃 화분에 시선을 사로잡혔듯이,
베란다 구석구석에 있는 더 작은 꽃과 잎사귀까지
모두 주목하신다.
하나님의 시간과 시선 안에 내 삶을 담아주신다.
내 삶에 그분의 시선을 두신다.
그래, 나는 그것으로 족하다.

멋지고 부러운 누군가의 뒷모습은
그저 뒷모습으로 남기고,
나는 다시 내 자리로 돌아와
나의 하나님을 찾아내고,
당신을 바랍니다.
당신을 따라갑니다.

그리고 그때 가장 고요하게 빛날 내 모습을 안다.

09 구하지 않았음에도

내가 나의
어려움을
당신께 편히
아뢸 수 있는 건

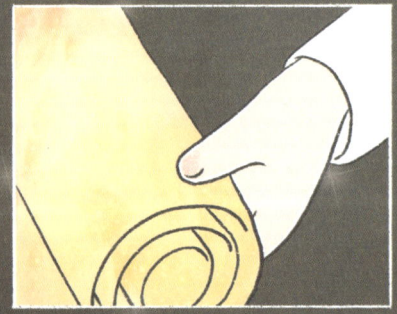

주님께 구하지 않았음에도 난 어떻게 살아왔던 걸까.
한참 하나님과 일대일 대화 없이 살다가 퍼뜩 정신이 들어
기도하러 교회에 가서 엎드렸을 때였다.
나태하고 부끄러운 내 신앙을
십자가 아래 털어놓으며 기도하는데,
끊이지 않는 기도 제목 사이로
머리를 치고 들어오는 생각이 있었다.

'어떻게 이런 모습으로도 나는
기도 없이, 간구함 없이 살아올 수 있었지?
이건 대체 얼마나 큰 은혜인 거야….'

만약 매 순간의 호흡과 심장박동부터 시작해
오늘 하루를 어제와 다를 바 없이 무사히 보내기 위해
모든 것을 하나님께 일일이 구해야 한다면,
나는 대체 얼마나 많은 것을 위해 기도해야 하며,
감히 우리의 아픔이나 고통을 털어놓을 수나 있을까.

내가 인식하지 못하는 사소한 것까지
하나하나 구하지 못해도
하나님께서 신경 쓰시고 '알아서 채워두시기 때문에'
주님 앞에 내 문제와 아픔을 아뢸 수 있는 거였다.
혼자선 그 어떤 것도 할 수 없는 우리 사람을 위해
수많은 것을 세심하게 채워주시는 우리 주님으로부터
대체 난 얼마나 많은 은혜를 당연하고 자연스레 누려온 건지.
또 매일 눈치 없이 살아가는 나 때문에
내 안의 성령님은 대체 얼마나 많은 것들을
말 없는 탄식으로 간구해오신 건지.
이렇게 하나님의 은혜를 또 한 가닥 감 잡아보지만,
앞으로도 지금까지처럼 넉넉히 아시고 묵묵히 채워주실
가늠 못 할, 측량 못 할 은혜에 감사로 찬양할 수밖에.

너희 아버지께서 이런 것이 너희에게 있어야 될 줄을 아시느니라

눅 12:30, 개역한글

10 감사 : 행복교환권

감사는
내가 마주한 모든 상황이
날 향한 하나님의 사랑이심을 인정하는 행동이자,
그분의 은혜였음을 단단히 새겨둘 수 있는 방법이다.

그 어느 것 하나 내 마음대로 되지 않는 세상에서
"하나님께서 인도하신다"라고,
그분이 나를 가장 잘 아신다고 인정하는 순간
원망보다 참된 기쁨이 샘솟는다.

길가에 장미꽃, 그 가시까지 감사하다고
고백해버리는 어느 찬양처럼,
감사는 결국 '행복을 한 발짝 더 가까이 끌어당기는'
하나님의 특별한 사랑이다.

11 참예할지어다

잘했다, 잘했어.
착하고 충성스러운 나의 아이야.
작은 일 조차도 열심히 해냈구나.
지금 내가 느끼는 기쁨을
이제 '너와 함께' 나누길 원한다.

달란트 비유에서 나온 주인의 칭찬에
우리를 향한 하나님의 마음이 다 표현된 것 같다.

잘하였도다 착하고 충성된 종아
네가 적은 일에 충성하였으매 내가 많은 것을 네게 맡기리니
네 주인의 즐거움에 참여할지어다 마 25:21

하나님은 우리와 '함께' 그분의 나라를 세워가길 원하셔서
그에 필요한 능력과 힘을 우리에게 선물로 주셨다.
전능하신 그분의 능력으로 이미 충분하실 텐데,
그것과 상관없이
우리가 그 일에 동참하길 원하시기 때문이다.

한 달란트 받고 핑계만 댄 종처럼
'내게 주신 능력조차 사용하지 않는 게으름'과
내가 부족하고 약한 부분, 없는 달란트를 주님께 맡기고
그분의 능력을 따르는 '의지'(dependence)는 엄연히 다르다.

하나님은 우리에게 필요한 만큼 능력을 주시고,
우리가 그 능력을 따라 열심히 일한 후에
주인의 즐거움에 참예하며 그 기쁨을 함께 누리길 원하신다.

달란트를 통해 우리에게 단지
'일과 임무'를 주시는 것이 아니라
'그분의 뜻이 완성되는 기쁨을 함께 나누길 원하시는'
하나님의 진짜 마음을 기억하며
나의 작은 손을 드리고 싶다.

12 새 성경책

점점
손 때 묻어
낡아가는
성경만큼

딱딱한 내 마음, 단단한 내 고집은
하나님 손길로
더 부드러워지겠지요.
더 새로워지겠지요.

뻣뻣한 새 성경책을
많이 펴고, 많이 읽을수록 부드러워지듯이
내 뻣뻣한 교만과 쓴 뿌리 가득한 마음,
날 선 고집도
하나님과 교제하고 동행하면서
부드럽게 다듬어졌으면 좋겠다.

하나님의 말씀으로,
내 딱딱한 본성들이 하나님을 닮아
온유해졌으면 좋겠다.
손때 묻어도 손에 익숙한 성경처럼,
하나님 모습이 묻어나는 사람이었으면 좋겠다.

13 하나님의 말씀을 누리다

"하나님 말씀 누리기"

내가 주의 말씀을 얻어먹었사오니
주의 말씀은 내게 기쁨과
내 마음의 즐거움이오나

예레미야 15장 16절

솔직히,
아직 벗어나지 못한 내 잘못된 생각 중 하나는
'말씀 묵상은 까다롭고 부담스러운 시간이야'라는 속삭임이다.
'잘해내야 한다'라는 마인드로 자라온 나는 은연중에
하나님 말씀을 마치 하나의 '규칙'처럼 받아들일 때가 있다.
물론 하나님께서 주신 말씀 중에는
택하신 백성이 '마땅히 책임을 다해야 할 말씀'들이 있다.
이건 팩트.

그러나 살아계신 하나님의 말씀
'성경'을 단지 규칙서라 말하기엔…
하나님 말씀은
위로 보나 아래로 보나
앞구르기 하고 보나 물구나무 서서 보나
'사랑의 편지' 그 자체다.

내 마음이 이 말씀을
그저 '지켜야만 하는 규칙'으로 받아들일지
하나님이 순전히 나를 위해 말씀하시는
'사랑의 언어'로 들을지,
그 차이일 뿐.

읽을수록 즐겁고, 오래도록 보관해두고 싶고,
생각하면 기쁨이 차오르는 당신의 언어.
하나님의 말씀을 자유롭게 누리고 싶어요.

3부

선택하다

01 할 수 있는 만큼

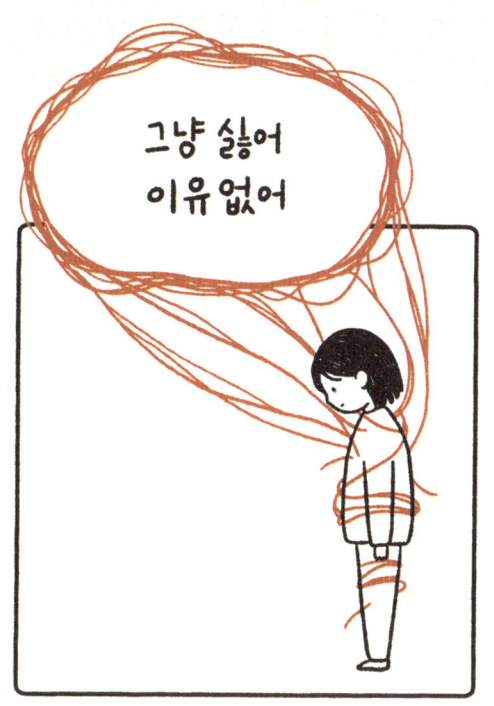

나를 미워하는 사람
나에게 상처주는 사람
다가갈수록 상처받는
그런 관계.

나도 똑같이 미워하고
무시하고 신경안쓰면
차라리 좀 편할텐데

당신께 받은 사랑이
이토록 커서,
그런 사랑을 조건없이
거저 얻고도

차마 누군가를 넉넉히
사랑할 수 없음이 괴롭다.

사랑하는 당신의 말씀대로
더 사랑하고 싶지만

상처받는게 두렵고 힘들어서
차라리 도망치고,
미워하고, 포기하고 싶은
모순된 두 마음이 싸운다.

내가 이유 없이 싫다고 들었던 그 말은
몇 년이 지난 오늘 생각해도 아프다.
더 어른이 되면 인간관계에 덜 상처받을 줄 알았는데
그저 받은 상처를 외면하고 묻어둔 것뿐이었다.
'그래, 나도 너 별로야. 너만 싫어? 나도 싫어'라고
나도 똑같이 밀어내면서,
상처를 덜어내기 위해 사랑을 포기했다.

요즘 말하는 많은 '인간관계'가 사실 그렇다.
쿨한 관계를 동경하고, 추구한다.
"쟤가 너 싫어하면 그냥 너도 신경쓰지 마.
관계 정리해. 똑같이 무시해."

그런데 이런 말들이 자주 들릴수록 더 멈칫하게 된다.
이러면 편하긴 한데… 이래도 되는 걸까?
성경을 통해 보여주신 당신의 사랑은
마냥 '편한 사랑'은 아니었으니까.

차라리 아무것도 몰랐다면 그냥 미워할 수 있는데
그분의 사랑을 알기 때문에 더 괴로웠다.
'더 사랑하고 싶다'라는 하나님을 향한 마음이
숨겨둔 상처를 훤히 드러내는 것 같아서 고통스러웠다.

너무 밉고 원망스러운 사람,
내가 상처받은 만큼 똑같이 아팠으면 좋겠다 싶은 사람.
사랑할 수 없는 누군가를 사랑하는 방법은 하나뿐이었다.
지금 '할 수 있는 만큼'의 사랑을 하는 것.
주님은 내 수준에 발맞추어 걸어주셨다.
마음 편히 외면하고 싶지만 억지로라도 입을 벌려 하는 기도,

"사랑을 포기하지 않고 싶어요.
오래 걸려도 좋으니 '사랑을 하는 사람'이 되고 싶어요."

02 사랑하는 기쁨

내 안에 사랑이 없다고 느낄 때.
사랑 받음에 목 매다 지쳐 포기했을 때.
더 이상 사랑받지 못한다는 좌절감에
나의 가치가 무너졌다고 느껴질 때.

당신은 말씀하신다.

나의 사랑아,
진실된 가치는 '사랑 받음'이 아닌
'사랑함'에서 나온단다.

누군가에게 사랑받을 때 우리는
존재의 의미를 느끼고, 기뻐한다.
나 또한 연애, 가족, 친구를 포함한 대부분의 인간관계에서
사랑받는다는 것을 계속 확인받고 싶어 했다.
그런데 확인하려 할수록 내 안엔 빈자리가 늘어나고,
시기와 질투, 집착이 자리잡았다.
더 부족해지고 더 허무해졌다.

누군가를 위해 선물이나 이벤트를 준비할 때,
누군가가 나로 인해 즐거움과 위로를 얻을 때,
도리어 내 안에 사랑이 더 충만했다.

우리가 기뻐하기를 언제나 원하시는 하나님이 이상하게도
"사랑받으라", "사랑받는 것을 확인하라",
"사랑을 간구하라"라고 말씀하지 않으신다.

하나님께서 강조하시는 건
"사랑받아라"가 아니라 "사랑하라"다.
유독 크리스천들이 사랑이란 단어를 더 자주 외치는 이유는
하나님께서 그분 자신을 '사랑'이라고
말씀하셨기 때문이 아닐까(요일 4:16).
사랑이신 하나님께선 언제나 우리에게
당신이 우리를 사랑한다 하시며, 서로 사랑하라 하신다.

사랑 자체,
사랑의 근원이신 하나님의 사랑으로
누군가를 사랑하기에 더 열심을 내고 싶다.
메마르고 척박한 이 시대,
우리의 능력은 사랑을 확인하고 간구할 때가 아니라
하나님으로 인하여 더 사랑할 때 드러날 줄 믿는다.

피차 사랑의 빚 외에는 아무에게든지 아무 빚도 지지 말라
남을 사랑하는 자는 율법을 다 이루었느니라
간음하지 말라, 살인하지 말라, 도둑질하지 말라, 탐내지 말라 한 것과
그 외에 다른 계명이 있을지라도 네 이웃을 네 자신과 같이
사랑하라 하신 그 말씀 가운데 다 들었느니라 사랑은 이웃에게
악을 행하지 아니하나니 그러므로 사랑은 율법의 완성이니라

롬 13:8-10

'받음'은 내게 맡기고
'사랑함'의 기쁨을 누려보겠니?
내가 너의 사랑의 근원이 되어줄게.

03 상처에 피는 꽃

안돼요
못해요 주님..!

또 상처 받고
넘어질 것 같아요..

지난번에도 그랬잖아요.
이번에도 똑같을 걸요..

상처받기를
두려워하지 말아라.

지난 날 네가 받은
상처 위에,
내가 꽃을 피울거야.

앞으로도 마찬가지란다.

어쩌면, 상처를 흉터로 만드는 건
나인지도 모르겠다는 생각이 들었다.
하나님은 치료하시려고,
상처에서 꽃을 틔우려고 하시는데
내가 '하나님을 신뢰하지 못해서' 아픔을 두려워하다가
스스로 흉터, 트라우마를 만들어버리는 거다.
"더 이상 못해요! 지난번이랑 똑같아요.
또 상처받고 끝날 거예요"라며 포기해버린다.

그래서 "옛적 일들, 지난 일들을 기억지 말라" 하셨나 보다.
지나가 버린 상처에 발목 잡히지 말고,
새롭게 일하실 하나님을 신뢰하길 바라시면서.

하나님은 반드시, 분명히 그런 분이시다.
내 상처를 그저 상처 그대로인 채로 두지 않으시는 분.
상처를 아물게 하시고, 더 나아가 상처를 통해 일하시는 분.
척박한 땅에 물길을 여시고
황량한 광야에 길을 만드시는 분이시니까.

또다시 받을 상처가 아프고 두려워도
한 번 더 광야로 뛰어들고 싶다.
다시 한번 메마른 사막으로 발을 딛고 싶다.
받을 상처가 괜찮은 게 아니다.
또 어떤 아픔이 있을지 몰라 여전히 불안하기도 하고,
가는 길이 이미 험한 여정임을 아는데도,
하나님은 선하시다는 그 한 가지 진리를
붙들며 걸어가고 싶은 거다.

그리고 언젠가 광야 끝에서
상처에서 꽃을 피우신 하나님을 다시 찬양하게 될 거야.

04 사랑이 먼저야

그냥 그 분이 좋으니까
그렇게 살고 싶어지는 것 같아.

그러네ㅎㅎ

말씀 대로 사는 것도,
율법을 지키며 사는 것도,
사실은 그분이 베푸신
은혜에 감격하고,
그 분을 사랑하는 마음에서
우러나오는 증거이자 열매니까.

우리의 믿음과 구원이
정말로 살아있다면,
그분을 향한 사랑의 발버둥이
자연스레 행동으로 나올 수 밖에 없나봐.
행함이 더 이상 '의무'가 아니게 되는거지.

- "율법은 열매야. 하나님이 너무너무 좋아서 나오는 믿음의 열매!"
- 말씀을 행하며 사는 삶의 전제조건은 그분을 알고 사랑하는 것!
- 믿음이 살아있다는 증거는 행동으로 나타나기 마련이다.

이와 같이 행함이 없는 믿음은 그 자체가 죽은 것이라 약 2:17
너희가 '나를 사랑하면' 나의 계명을 지키리라 요 14:15
너희 마음에 그리스도를 주로 삼아 거룩하게 하고 너희 속에 있는 소망에 관한 이유를 묻는 자에게는 대답할 것을 항상 예비하되 온유와 두려움으로 하고 벧전 3:15

05 입술의 고백

가끔 그럴 때가 있다.
이게 맞는지 저게 맞는지, 이것도 아니고 저것도 아닌지
긴가민가할 때.

이 긴가민가한 생각이나 뜻을 입 밖으로 꺼내
누군가에게 얘기하는 순간 확실해진다.
확신이 없었던 생각이나 감정을
그저 말로 추측을 담아 소리 냈을 뿐인데
그 말이 사실이 되고 확신이 된다.

우리가 입으로 주님께 고백해야 하는 이유.

마음으로 하나님께 고백하고 사랑한다 말한다 해도
입으로 내뱉는 것과는 다른 일이다.
마음에서 웅크리고 뭉쳐있던 고백들을 소리로 풀어내야 한다.
고백으로, 기도로, 찬양으로.
그때, 소리를 힘입어 우리 마음은 '실체화', '실제화' 된다.

06 진짜 사랑

우리가 사랑함은
그가 먼저 우리를 사랑하셨음이라

요일 4:19

07 땅 위의 발버둥

열심히 살아가다보면,
어느샌가 정신없이 할 일을 해치우며
바쁘게 살고있는 날 발견한다.

그렇게 지내다가 어느 주일날.

한 치 앞도 알 수 없는 미래를 준비해야 한다는 부담과
누군가의 SNS를 보며 느끼는 어설픈 조급함에 바쁘게 지냈는데

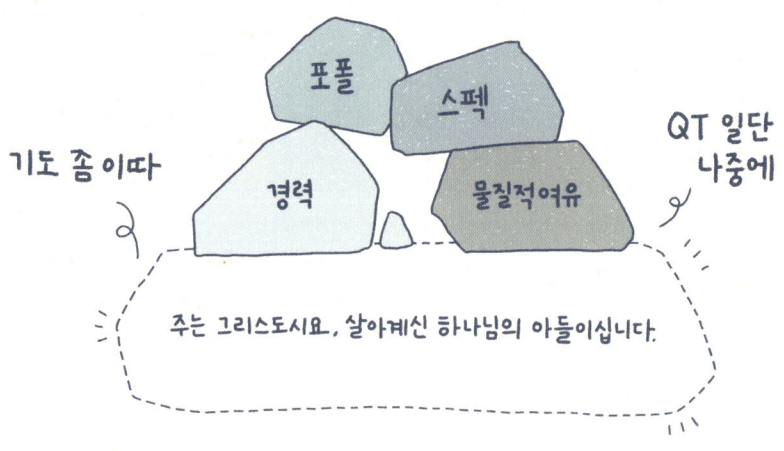

하나님과의 교제 없이 땅의 것들로 내 필요를 채우려는
고단한 땅 위의 발버둥이었다.

땅의 필요를 채우고자 날마다 고군분투하는
당신의 백성을 위해 예수님께서 친히 오셨고,
'땅 위의 노력으로 결코 얻을 수 없는 것들'을 주시려고
몸소 하늘과 땅을 잇는 연결고리가 되셨는데,,

예수님의 생명값으로 받은 하늘의 양식은 제쳐두고
땅의 필요를 채우기 위해 아등바등했다.

이 땅의 생활을 열심히 해내는 것도 중요하지만
그보다 더 깊은 하늘의 풍요를 구하며 살아내고 싶다.
예수님의 이름으로!

분주했던 내 생활은 땅의 것을 채우기 위함이었을까,
하나님과 함께하는 하늘의 발걸음이었을까?

스스로에게 묻자마자 바로 답이 나왔다.
세상이 줄 수 없는 평안을 주노라 하신 예수님의 공로을
'쓸모없는 것'으로 만들었다는 생각이 들었다.

묵상을 마치고 나서, 할 일은 하나뿐이었다.
예수님의 이름으로 구하는 것.
더 값진 것을 위해 무릎 꿇고 기도하는 것.

분명 난 또 언젠가 정신줄 놓고 바쁘다 바쁘다 하겠지만
이제는 더 본질적인 것을 놓치지 않고 싶다.
도와주세요, 주님….

08 단순하고, 우직하게

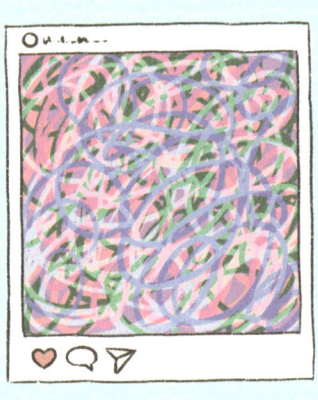

세상의 많은 사람들이 무언가를 보여주고, 과시하기 위해 끊임없이 자신을 채우려고 움켜쥔단다.

찾고, 모으고, 한 평생을 그렇게 살다가 가는 이도 있지.

인스타 작은 네모 속에는 제각각 삶의 형태가 넘친다.
어떤 방식으로든 자신을 가꾸고 그 삶을 채우기 위해,
그리고 보여주기 위해 가치를 찾아다닌다.
끊임없이 줍고, 담고, 모으고, 움켜쥔다.

나도 은연중에 그런 삶을 추구하고 살고 있다.
물론 어떤 이에 비해 상대적으로는 덜했을지라도,
나 또한 세상의 어떠한 가치를 갖고, 누리고,
과시하고 싶은 원함이 있었다는 것은 부정할 수가 없다.
그저 당장 내 삶에 주어지지 않아서
나는 꽤나 소박한 삶을 살고 있다고
세상의 가치에 매이지 않는다고 자부할 수 있었는지도 모른다.

만약 나에게 '충분히 누리고 자랑할 만한 조건'들이 있었다면
나는 그것들에게 마음을 홀라당 빼앗겼을지도?
양파처럼 구하면 구할수록 텅 비어있을 줄도 모른 채….

세상은 이렇게 복잡하고 가득하며, 공허하다.
그런 세상에서 나는 단순하게, 우직하고 올곧게 살고 싶다.

말씀은 말씀으로 듣고 은혜는 그저 은혜로 받으며
나의 신앙이나 삶의 모습을 '멋들어지게' 가꾸지 않은
순전한 모습으로 살아가고 싶다.
얽매이고 싶지 않다.
복잡하게 머리 굴리며 계산하고
내게 무엇이 더 이로울지 재는 모습 따위 벗어버리고,
그렇게- 단순하고, 우직하게.

09 쿨하지 않아도

쿨하지 않아도 괜찮다.
조금 모양 빠지고 찌질해도 괜찮으니,
하나님 보시기에 더 선한 걸음으로 살아내고 싶다.

뜻대로 마음대로 되지 않는 어려운 관계 앞에서
쿨하게 뒤돌아 서기보다
"제겐 사랑이 없으니 사랑을 주세요"라고
애걸복걸하며 매달리는 내가 되고 싶다.

어떻게 해야 조금 더 당신을 닮은 사랑인지를
고민하는 사람이고 싶다.

하나님은 쿨하신 분이 결코 아니셨다.
뒤돌아선 당신 백성들의 옷자락을
끝까지 붙들고 돌아오라 외치셨던 분.
죄악에 물든 그분의 백성들을 흩어버리시면서도
사랑에 근거한 소망을 심어두시던 분.
하나님이 언제 우리를 사랑하셨냐고 따지며
묻는 백성(말 1:2)을 앞에 두고도
끝끝내 당신이 우리 사이에 들어오셔서
직접 고통을 받으시고 죽으시면서까지
우리와의 관계에 '끝까지' 매달리셨던 분.

멋들어지지 않아도 괜찮고,
쿨하지 않아도 좋으니
하나님의 사랑을 닮고 싶다.

유월절 전에 예수께서 자기가 세상을 떠나
아버지께로 돌아가실 때가 이른 줄 아시고
세상에 있는 자기 사람들을 사랑하시되
'끝까지 사랑'하시니라 요 13:1

10 예배 : 드리고 싶어요

내가 소중하게 여기는 어떤 가치들을 하나님께 드리는 것이 예배라고 한다. 관계, 시간, 마음, 물질, 혹은 나….
삶의 순간 순간에 하나님께 이 소중한 것들을 진정으로, 또 기꺼이 올려드린다면 나는 매 순간을 예배하며 살아갈 수 있는 거다.

11 믿고 싶어서

하나님이 살아계시는지
그분이 정말 존재하시며 나의 삶 속에서 역사하고 계시는지
증거를 구했던 적이 있었다.
왜 나에게는 누군가처럼 놀라운 간증(?)들이
일어나지 않는지 아쉬워하며,
눈으로 보고 몸으로 겪을 수 있는
확실한 증거가 필요하다고 생각했다.

주님의 음성이 들리지 않을 때는
그분이 지난날 동안 내 삶에 역사하신 게 맞는지,
내가 뭔가 단단히 착각하고 있는 건지,
하나님은 없고 그저 우연이 맞아떨어진 건 아닌지
그런 의심도 피어올랐다.

선명하게 보이고 생생하게 느껴지는 체험으로
그분의 존재를 증명하려 애썼다.
그래야 나의 믿음에 확신이 더해질 거라고 생각했기에.

하지만, 이제는 믿음이 나의 '의지'에 근거함을 안다.
초라하고 척박한 인생을 이렇게 찬란하게 바꾸어놓으신 하나님의
'살아 역사하심'을 나는 믿는다.
아니, 하나님이 아니면 그 누구도 할 수 없기에
하나님의 살아계심을 믿기로 선택했다. 소원했다.
하나님을 의지하고 신뢰'하리라'고 선포하는 어느 찬양 가사처럼,
주님이 선물로 주신 믿음을, 내 의지로 받아들였다.

더 이상 주님을 믿는 데 다른 증거를 구하지 않겠습니다.
이 눈에 아무 증거 아니 뵈어도,
내 영혼을 통해 강하게 그분의 존재를 드러내시는
나의 하나님을 내가 믿고 싶어서, 믿기로 선택합니다.

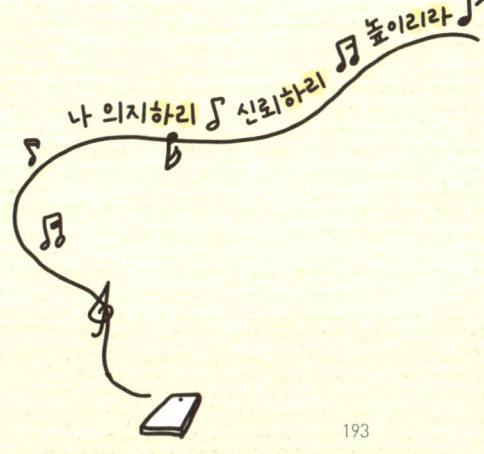

12 예배자입니다

더 깨어져야 한다.
더 깨달아야 하고, 더 배워야 한다.
더 울어야 하고, 더 기도하며, 더 아파야 한다.
더 많이 부끄러워해야 하고, 더 많이 고통스러워야 한다.
하루라도 어떻게든 당신과 멀어지려는 나의 본성이,
내 삶에 쉬이 녹아들지 않도록.

그러므로 나는 예배합니다.
단지 내가 예배자이기에 예배하는 게 아니라
조금이라도 아버지와 함께 숨 쉬기 위해,
나는 '예배가 필요한 사람'입니다.
오롯이 나를 위해 고통을 포기하지 않으신 당신과
지금 순간을 살아내기 위해 예배가 필요합니다.
그래서 나는 예배자입니다.

이때부터 예수께서 비로소 전파하여 가라사대
회개하라 천국이 가까왔느니라 하시더라 마 4:17, 개역한글

13 빛으로

처음엔,
내가 넘어져 주저앉아 버렸다고
생각했습니다.
너무 열심히 달리며 살다가
급브레이크 밟고 넘어져 버렸다고,
그렇게 생각했습니다.

또 넘어져버린 내게
당신도 침묵하고 계신다고 느껴졌습니다

마치 어둠 속에,, 아니,
어두운 안개 속에 있는 것처럼
답답하고 습한데 캄캄하기까지 해서
일어날 엄두가 안났습니다.

 그런데 사실,
그게 아니었습니다.

내가 숨고 있었습니다.
 당신의
조명하심 아래서
줄곧 도망치고
있었습니다.

 저 빛으로 들어가면
마주해야 할 진실이
두려웠거든요.

나의
형편없는 삶의 모습도,
길 잃은 비전도,
초라한 자신감도
믿음없음도,

다 드러나는 게 '좀 그래서'요.
마주할 자신이 없어서요.

벌거벗은 태초의 그들이 그랬듯,
인정하는 게 부끄러워서요.

어쩌면 어둠 속에 주저앉아 있는 게
차라리 '편해서'
더 일어나지 '않은' 것일지도
모르겠습니다.

툭

그러나 당신은
계속 나를 부르십니다

내가 아무리 피하고 숨어다녀도
나를 따라오시고, 찾아내십니다.

어떤 방식으로든, 　　　　　일상에서 문득
　어떤 상황, 　　　　　　　당신을
　어떤 관계로든, 　　　　　생각나게 하시고

자꾸만 당신의 존재를 들려주십니다.

끝까지 따라오시며 부르시는 당신께
더 이상 숨을 수 없음을 알기에, 결국 나는

오늘도
나를 부르시는 당신을
한걸음 앞에 두고 섭니다.

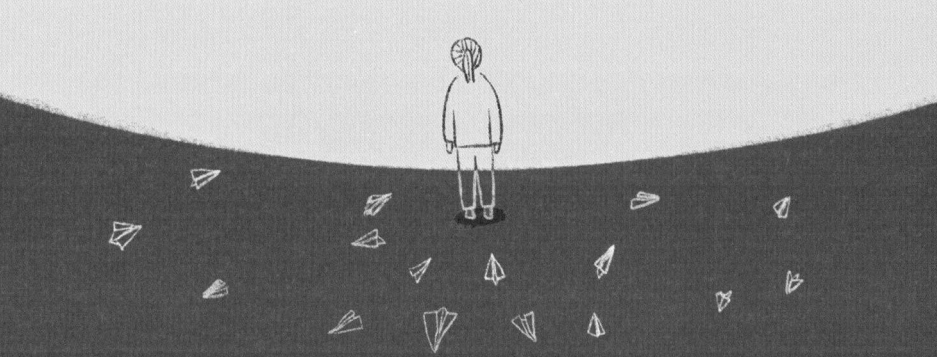

어둠 속에 머물러 있을 때면 내 모습이 보이지 않았고,
나는 그게 '쉼'이라고 생각했습니다.
편했으니까요.
초라하고 부끄러운 내 모습들이 드러나지 않으니
외면할 수 있었으니까요.

그렇게 어둠에 머물러 사는 나에게
주님은 숨어있지 말라고 두드리셨습니다.
빛 되신 하나님, 그분과 사귀는 것은
'빛 가운데' 살아가는 거라고, 초라함 그대로 오라 하십니다.

어둠에 익숙해진 몸을 이끌고 빛으로 들어가는 게 쉽지는 않지만,
나의 모든 진실된 모습을 아시고 깨끗하게 하실
당신의 능력을 기대하여 한 걸음을 뗍니다.

곧 하나님은 빛이시라 그에게는 어두움이 조금도 없으시니라
만일 우리가 하나님과 사귐이 있다 하고 어두운 가운데서 행하면
거짓말을 행하고 진리를 행치 아니함이거니와
저가 빛 가운데 계신 것 같이 우리도 빛 가운데 행하면
우리가 서로 사귐이 있고 그 아들 예수의 피가 우리를
모든 죄에서 깨끗하게 하실 것이요 요일 1:5-7

4부

살아내다

01 제 0교시 인생 영역

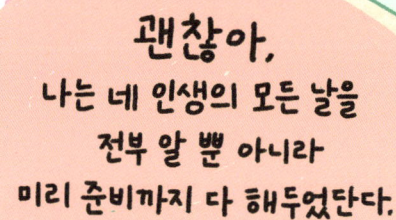

**하나님의 평강이
여러분의 마음을 지키시기를!**

#마지막 장 #인생영역 #답안지 #정답은?

02 자소서

예전에 썼던 자소서를 읽다가 새삼 놀랐던 게 있다.

성장과정, 터닝포인트, 실패와 성공, 가치관, 선택의 기준 등 나의 인생은 '신앙', '하나님'이란 단어 없이 설명할 수 없다는 것.

마치 혼자인 것만 같고, 더 이상 갈 길이 없어 보였던 때.
기도하고 울부짖어도 하나님께서 침묵하시는 것 같았던 때.
스스로에게 절망하며 자괴감에 사로잡혔던 그 때.
그 힘든 시기를 보내던 당시엔, 고난의 이유를 알 수 없었다.

하나님!

대체 저한테 **왜** 이러세요?! 저한테 이런 일이 생긴 거예요??

제가 도대체 **어떻게** 하길 바라시는 거냐구요!!

왜 이런 상황을 주시는 건지, 내가 어떻게 하길 원하시는지 '하나님의 뜻'을 여쭙고 구할 때마다

하나님!

저한테 이러세요?!
저한테  무슨 일이 생긴 거예요??

제가 도대체 **어떻게** 하길 바라시는 거냐구요!!

'왜' 보다 '어떻게'에 초점을 맞추시곤
변함없는 하나님의 사랑과,
내가 해야 할 일 만을 알려주셨다.

생각해보면, 하나님께서는 내 삶에서 이렇게 일 해오셨다.
여전히 이유는 모른채, 그저 그분이 보여주시는 말씀만을 붙들고 살아내다가

내가 널 창조했어.
너를 가장 잘 알고 있단다.
두려워하지 말고
널 향한 특별한 계획이
있음을 믿어줄래?

어느 날 뒤를 돌아보면,
자연스레 '왜'에 대한 하나님의 섭리를 깨닫게 된다.

그러니 나는 오늘도
열심히 아파하고, 고뇌하고 기도하며
그분의 계획 안에서 주어진 나의 하루를
계속 살아낼 뿐이다.

지나고 나서 깨닫는 것들이 참 많다.
생각해보면 하나님께서 성경 속 인물에게도 '왜 이러시는지'
하나님의 의도나 뜻을 알려주신 경우가 많지 않은 것 같다.

아브라함이 이삭을 바친 것도,
기름 부음 받은 다윗이 사울에게 쫓긴 것도,
요셉이 형들에게 팔려서 노예로 살아간 시간도,
'왜 이런 상황을 주시는지'에 대해 하나님께서는 침묵하셨다.

다만 모든 시간이 지나서, 고난을 되돌아보았을 때
'하나님이 하셨구나!'라고 인정하게 되는 건가 보다.

어차피 지금은 모를 이유라면,
오늘 조금 더 하나님을 찾고
오늘 조금 더 하나님을 만나고
지금 조금 더 하나님을 신뢰하는
하루를 보내고 싶다.

03 강당의 화살표

강당에서 기도하고 나가는 길.
강당이 유난히 어두워서 길이 잘 보이지 않았다.
그래도 기도하시는 다른 분들에게 방해가 될까 봐
휴대폰 손전등을 켜고 싶지는 않았다.
그래서 눈을 감고 천천히 가다가 문득 바닥을 보았는데
작은 화살표에서 빛이 나고 있었다.
길이 나 있는 방향을 따라 드문드문 있던 내 손바닥만 한 빛.
그 순간 말씀이 머리를 스치고 지나갔다.

주의 말씀은 내 발의 등이요 내 길에 빛이니이다 시 119:105

내가 가는 길, 내가 밟는 길이 주의 길이라고 해서
앞이 잘 보일 만큼 환하리라는 보장은 없다.
나는 아는 바가 없고 하나님의 계획과 미래도 알지 못하니
더욱이 어둡게 보일 것이다.

하지만 하나님이 날마다 주시는 말씀에 귀 기울여서
그 작은 빛을 따라가면 된다.
등불을 들고 걷다 보면 자기 발끝밖에 보이지 않는다.
바로 눈앞의 미래만 보이는 것이다.
말씀이 되시는, 말씀으로 이끄시는
하나님의 빛을 보고 따라가자.
길이 환하지 않을지라도 그 방향만큼은 정확하며 틀림이 없다.

04 당신의 뜻만이

사람의 마음에는 많은 계획이 있어도
오직 여호와의 뜻만이 완전히 서리라
잠언 19:21

You can make many plans,
but the LORD's purpose will prevail.
Proverbs 19:21

1년간 나름 열심히 달렸는데
이 '완벽하지 않은 완벽주의자'는
지나온 발걸음에 도통 만족할 줄 모른다.

하고자 했던 일의 반도 못 하는 경우가 많고,
기껏해야 간신히 반타작이니까.

하지만 분명, 생각지 못했던 일들도 있었다.
새로운 관계, 생각지 못한 기회와 경험들.

내 눈에는 빈틈 많고 못다 한 퍼즐이지만
하나님 편에서는 이미 계획된 대로 이루어진
한 편의 작품이었을 거야!

그럼에도 불구하고
살아내지 못한 조각에 여전히 아쉬움이 남는다면
다시 한번 도전하면 된다.

다만 내가 세운 계획이 이루어지든 그렇지 않든,
오직 내 천국 여정을 향한 하나님의 뜻만이 완전히 서리라!

계획보다 도전보다 먼저 내가 할 것은
하나님 경외하기.

꿈이 많으면 헛된 일들이 많아지고 말이 많아도 그러하니
오직 너는 하나님을 경외할지니라 전 5:7

05 보기 원하네

갑자기..?
비가??
온다고..?
...왜..?

우리 인생 여정은
언제나 갑작스런
일들 투성이다
(+ 이해할 수 없는건 덤)

손 쓸 도리 없는 커다란 문제를
갑자기 마주하기도 하고,

때론 사방이 막혀 갇힌 것처럼
빠져나가기 어려운 답답한 상황에 놓이기도 한다.

이런 문제 앞에서 내 입술의 고백은
불평과 한탄, 비관이 아니라

'기대'였으면 좋겠다.

엘리사를 잡으러 온 수많은 아람군대를 보고
엘리사의 종이 걱정하고 두려워하자,

엘리사는 기도한다.

그 때 그 종은 막막하고 두려운 문제 앞에서
하나님의 일하심을 볼 수 있었다.

그러므로 나도, 눈 앞에 놓인 문제들 앞에서
이 찬양처럼 고백하고 싶다.

하나님의 일하심을 보고 싶어요.
내 눈과 영이 어두워서 이 문제를
그저 내 삶을 방해하는 하나의 '장애물'로
단정해버리지 않길 원해요.

믿는 자에게 결코 우연이란 없고
사소한 사건도 모두 당신의 손길 안에 있다면
이 문제를 통해 하나님께서 어떻게 일하시는지 보고 싶어요.

설령 이 문제가
멋진 방법이나 영화 같은 반전으로 해결되지 않더라도,
혹은 한낱 피조물에 그치는 제가
하나님의 크신 일을 볼 수 없다 해도,
이 기도를 드림으로
하나님께서 내 삶 속 모든 문제를 '통치'하신다는 것을
인정하길 원합니다.

#열왕기하 6장 15-17절 #찬양 #언더우드의기도

06 하나님의 서술

사람의 인생을
책 한 권이라고 생각할 때,

우리 시점의 서술과 하나님 시점의 서술은 다르다.

다윗은 참전하는 싸움마다 승리로 이끌었다. (역대상 18-19)

사람의 편에서 다윗의 인생을 책으로 서술한다면
그는 '싸움을 잘하는 장군', '위인', '능력있는 왕'으로 쓰였을지도.

하지만 하나님 편에서, 다윗은 다르게 서술된다.

다윗이 어디를 가든지 여호와께서 이기게 하시니라.
만군의 하나님 여호와께서 함께 계시니 다윗이 점점 강성하여 가니라
(사무엘하)

북이스라엘의 왕 중 한명인 '바아사'.
열왕기상 15장에 그는 이렇게 서술되어 있다.

그런데 바로 다음 17장 첫 구절에서
하나님께서 바아사에게 이렇게 말씀하신다.

바아사에 비해 다윗은
자신의 인생을 서술해가시는 분이
누구인지, 어떤 분인지 알고 있었고,

그 펜의 주도권을 만군의 여호와 하나님께 올려드렸다.

이렇게
어느 편의 시선에서 서술하느냐에 따라
또 인생을 써내려가는 펜이 누구에게 있는지에 따라
이야기의 내용과 주인공이 완전히 달라진다.

나는 내 인생의 등장인물이고 주인공일 뿐이지,
서술자도, 작가도 아니다.
내 삶에서 일어나는 모든 일들은
하나님만이 아시고, 하나님만이 이끄시니까.

전지적 하나님 시점인 이 인생에서
내 손에 펜을 들고 '아는 체 하여' 써내려가지 않기를..

하나님이 작가!
나는 등장인물!

여호와께서 호흡을 허락하시니
내가 숨쉬더라!
여호와께서 동행하시니
내가 안전하더라!
여호와께서 새 힘을 주시니
내가 그 일을 해내더라!

07 손바닥에 새겨진 삶

I live in your hands

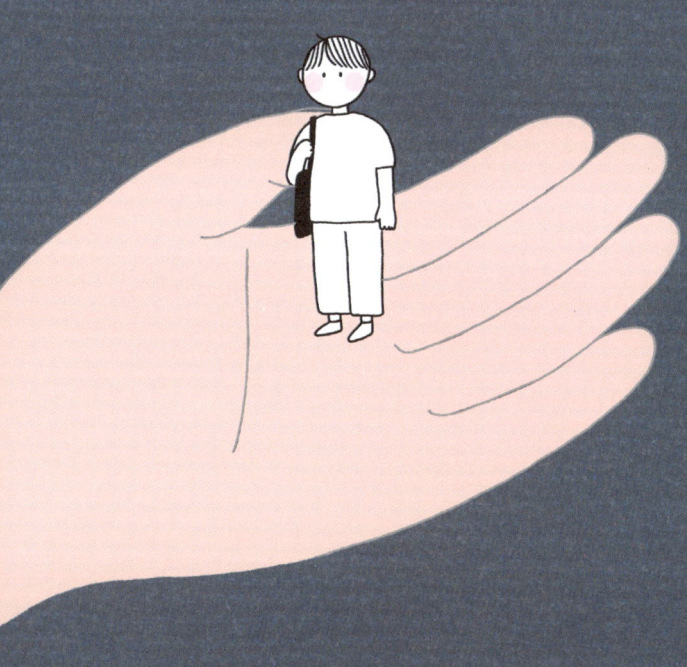

'내 인생은 하나님 손바닥 위에 있구나.'
어느날 밤, 걷다가 문득 떠올랐다.
생각의 꼬리에서 떨어져나온 게 아니라, 정말 갑자기.

무엇도 없는 마른 광야도, 감격적인 꽃밭도,
갑작스런 폭풍을 만난 배도, 아무런 요동 없는 수면 위도,
음침한 사망의 골짜기나, 아골골짝 빈들도,
풍성한 자비의 나무 아래도,
전부 다 하나님 손 위에서 펼쳐진다.

얼마나 감격스러운 일일까.
내 걸음이 어떤 곳으로 이끌리든
결국 당신의 손바닥에 내가 새겨져 있음이.

해를 두려워하지 않는다고 고백한 다윗의 노래가
아주아주 조금 이해된 밤이었다.

여호와께서 나를 버리셨구나. 주께서 나를 잊으셨구나.
어머니가 자기의 젖먹이를 어떻게 잊겠느냐?
자기 태에서 낳은 아들을 어떻게 가엾게 여기지 않겠느냐?
혹시 그 어머니는 잊어버려도 나는 너를 잊지 않겠다!
보아라. 내가 너를 내 손바닥에 새겼고
네 성벽이 언제나 내 앞에 있다.

이사야서 49:14-16, 우리말성경

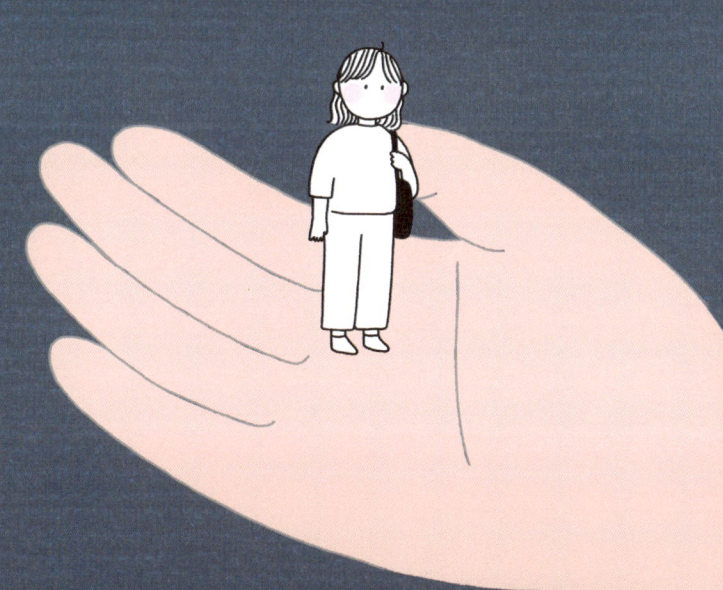

08 삶의 모든 순간에

주님과 함께했던 기억의 조각조각
어느 것 하나 버릴 것 없고
내 맘을 아시고 위로하시는
사랑만이 날 숨쉬게 하네

삶의 모든 순간에 영원하신 주 계시니
영광의 그 십자가 의지하여 믿음의 길 가리
끝이 보이지 않는 목적 잃은 인생 위에
빛 되신 주 사랑이 나의 갈 길 밝혀주시네

내 영혼 바람 앞에 흔들린 들풀같이
기댈 곳 없고 맘 둘 곳 없네
가난한 내 영혼 안아주시는
사랑만이 날 회복케 하네

삶의 모든 순간에 영원하신 주 계시니
영광의 그 십자가 의지하여 믿음의 길 가리
끝이 보이지 않는 목적 잃은 인생 위에
빛 되신 주 사랑이 나의 갈 길 밝혀주시네

* 삶의 모든 순간에 : ⓒ 2019 임선호. Administered by KwangsooMedia.
All rights reserved. Used by permission.

09 하나님의 프레임

하나님께서 보시는 '프레임' 속에는,

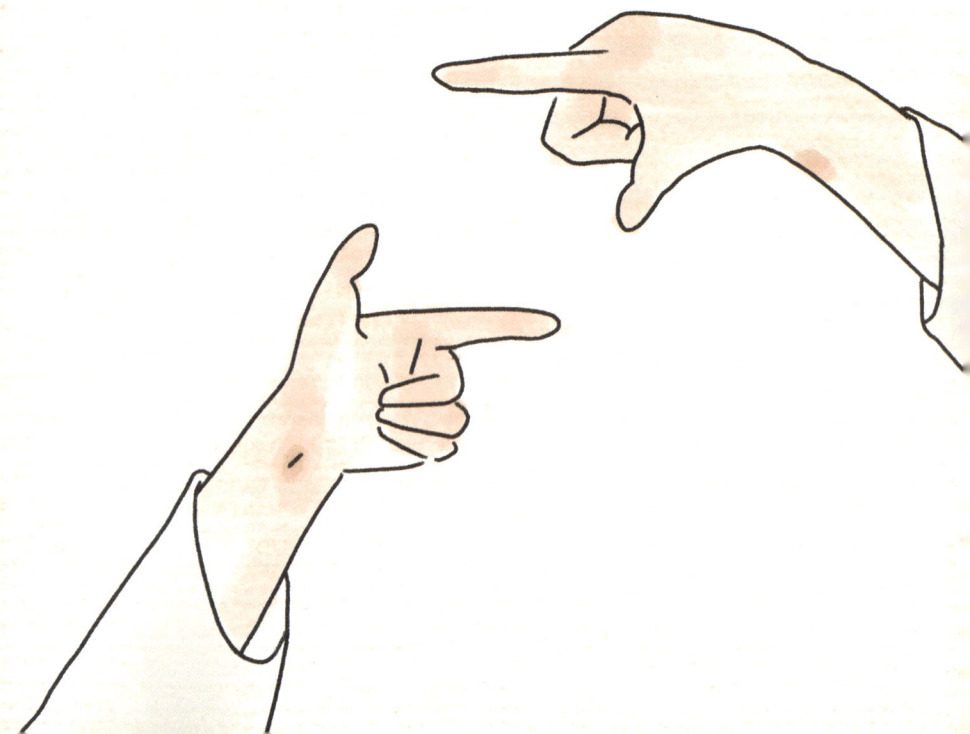

여러 사람이 함께 담겨있지 않다.

하나의 렌즈로 우리를 동시에 비추면서
개개인의 시간과 속도를 평가하지 않으신다.

어떤 프레임 속에는 오직 '나'의 시간만이 흐르고 있고,

또 다른 프레임 속에는 '너'의 시간만이 흐르고 있다.

그렇게 각자의 개성과 매력, 아름다움을 따라,

각자의 프레임 안에서 우리는 살아간다.

당신께서 한 프레임 안에 우리를 함께 담으시는 건,

우리가 당신의 이름으로 연합할 때.

비교와 시선에 연연하지 않고 주신 은사대로,
지으신 순전함 그대로 천국을 세워갈때.

그러니 우리는 다른 프레임 속 삶이
어떠한지에 집중할 필요도,
내 프레임 속 삶이
어떻게 보이는지에
신경 쓸 필요도 없다.

비교하지 말고,
어떻게 보일지 의식하지 말고,
하나님 렌즈만 똑바로 쳐다보기.
내 삶에 두신 매력적인 색깔과
시간의 흐름에 집중하기.

10 견딘다는 것

견딘다는 건 흔들리지 않음을 의미하는 게 아니다.
흔들리고 흔들리되 꺾이지 않는 것.

바람이 잠잠해지면
결국 있어야 할 자리로 돌아오는 것 같다.
시간이 아무리 흐른다고 해도,
끝끝내 사랑의 자리로,
부르신 자리로,
기다리시는 그 자리로 돌아오는 게 견디는 것.

11 '빠르게'보다

주님, 제 생활이 너무 바쁘고 너무 빨라요.
저는 무엇을 위해 달려가고 있을까요?
달려가는 건가요, 쫓기는 건가요?

분명 하나님 나라를 위해,
복음을 위해 달려가고 있었는데
'내 계획', '성공', '일'이 나를 쫓아오면서
걸음이 더 급해지고 숨이 찬다.
급기야는 달려가는 도중에
그만두고 싶어지기도 했다.

웃긴 건,
날 쫓아오는 조급함들은 모두
내가 스스로 만들어낸 '불안감의 허상'에 불과했고,
하나님은 나에게 단 한 번도 재촉하시거나
다급하게 일하지 않으셨다는 것.
오히려 나와 발맞추어 걷고 싶어 하셨고,
특별히, 즐겁게 여정을 걷길 바라셨다.

하나님, 제가 아무리 주님을 위해 일하고자 계획해도,
제 걸음은 하나님과 함께 걷는 게 맞죠?
'빠르게'보다 즐겁게, 게으르지 않고 꾸준히 걷고 싶어요.
내려놓을 것들을 내려놓게 해주세요.

빠르게 가는 것보다 중요한 것,
주님과 함께 꾸준히,
즐겁게 걸어가기

12 구석구석 통치

**제 삶 구석구석까지
주님이 다스려주세요.**

분을 내어도
죄를 짓지 말며
해가 지도록 품지 말고‥

내 입은 진리를 말하며
내 입술은 악을 미워하느니라

모든 지킬만한 것 중에
더욱 네 마음을 지키라
생명의 근원이
이에서 남이니라

하나님과 재물을
겸하여 섬기지 못하느니라

(기분 / 생각 / 말 / 시간 / 마음 / 관계 / 습관 / 경제 / 일상)

주의 모든 일을 묵상하며
주의 행사를 깊이
생각하리이다

먼저 가서
형제와 화목하고
그 후에 와서
예물을 드리라

그런즉 너희가 먹든지
마시든지 무엇을 하든지
다 하나님의 영광을 위하여 하라

우리는 하나님의 소유이다.
즉, 우리 삶에서 왕 되시는 분은 하나님이라는 것이다.

사단은 우리의 정체성을 흔든다.
우리가 누구인지, 우리의 근원이 누구이신지 망각하게 만든다.
나의 시간, 일, 관계, 일상, 마음, 감정, 가정, 돈, 건강 등
내 삶의 모든 부분에서 왕 되시는 분이 하나님이셔야 한다.

별것 아닌 것처럼 보이는 작은 부분이라도
하나님께 주도권을 내어 드리면 우리의 신앙 양심이
그 안에 들어가 자리 잡게 된다.

돈을 쓰면서, 관계를 맺으면서, 일터에서, 가정에서….
하나님께서 자리 잡으신 곳에서 신앙 양심이 힘을 발휘한다.
내 맘대로, 내 주관대로 행했던 내 삶의 조각조각을
하나님은 그분의 은혜로 바꿔주신다.
그렇게 우리는 하나님의 소유가 되어간다.

내 삶의 얼마나 많은 부분에서
하나님의 통치가 이루어지고 있는가.

13 우연은 없다

하나님의 뜻을 알 수는 없지만, 내 삶에 우연은 없다.

로마서 9-11장에서 사도 바울이 계속
하나님의 백성 이스라엘과 이방인에 대해 말한다.
분명 구약에서는 '이스라엘' 민족이 은혜로 선택받아
여호와의 말씀을 얻고 하나님을 섬길 수 있는,
말 그대로 '하나님의 백성'이었다.
반면 이방인이 우상숭배와 죄악을 일삼던 존재였고.

그런데 이상하게 로마서(신약)에 와서
이스라엘은 예수님을 거부하고 율법으로 자신의 의만 세우고,
반대로 '이방인'이 더 예수님을 믿고 구원에 이르게 된다.
이방인들도 계속 사도 바울에게 의문을 표한 것 같다.

왜?
왜 저들은 자신들이 믿는 하나님이 보내신 예수님을 거부하지?
왜 선택받은 저들이 아니라 이방인인 우리가 예수님을 더 믿지?

사도 바울은 그게 하나님의 경륜이라고 말한다.
이스라엘의 완악함(예수님을 거부함, 자기의를 세움)을 통해
이방인이 먼저 구원을 얻고, 이스라엘이 뒤늦게 믿게 되는 것이
하나님의 측량 못 할 계획이라고 한다.

그런데도 하나님은 이스라엘을 선택하신 것을
후회하지 않으신다!
그렇게 상황이 뒤바뀐 것이
하나님의 섭리 안에서 움직인 일이라는 거다.

내 삶도 그렇다.
내 자유의지로 하나님을 따르거나 죄를 선택할 때,
내가 믿는 사람이기에 당하는 핍박들 혹은 기쁨들.
순간순간 스쳐 지나가는 작은 사건들조차 우연은 없다.
하나님은 그분이 원하시면 내 죄조차도 사용하시는 분인데!
까먹지 말자, 모든 게 우연이 아님을.
하나님의 손안에서 내가 살아가고 있다.

14 성실하신 주님

빛 한 조각 없는

오늘의 밤이 깊디 깊어도

천천히 동이 트고

또 다시 하루가 떠오르는 건,

지난 밤-

이미 흘러버린 어둠에

머물러 있지 말라는

당신의 다정한 성실인가 보다.

그러니, 다른 건 몰라도

이거 하나는 알겠다.

지나간 일에 몰두하지 않을 것.

아픔도, 상처도, 화도, 마음도 모두.

새롭게 띄워주신

'오늘'을 살기.

지금을 바라보기.

나는 어제의 고통, 상처, 괴로움, 답답함, 분노가 풀리지 않았는데
아무 일 없다는 듯이 시간은 흐른다.
나는 오늘을 살면서도 과거를 더 오래 살고 있었다.
곱씹고 곱씹어도 마음이 풀리지 않았으니까.
어떻게든 이유를 알고자
감정의 굴레에서 벗어나고자
기도하며 노력할수록 되려 과거에 머무르게 될 뿐이었다.

그때 그 순간에 왜 그래야 했는지
내가 어떻게 행동해야 했는지
아직도 잘 모른다.

단지 하나님은 그때도 지금도 동일하게
어둠 속에 햇살을 띄우시고,
언제나 성실하게 새 하루를 주신다는 것만 알았다.

그래서, 더 이상 생각하지 않기로 했다.
어떤 고민이나 문제를 묻어두는 건 내 방식이 아니지만
계속 지난날만 되짚기엔 오늘이 너무 바빴고, 아까웠으니까.

달도 별도 없은 새카만 밤이 끝나지 않을 것 같아도
결국 해는 뜨고
하나님의 긍휼과 성실은 계속 우리에게 임한다.

주의 인자는 끝이 없고 그의 자비는 무궁하며
아침마다 새롭고 늘 새로우니
주의 성실이 큼이라, 성실하신 주님

에필로그

어쩌다 어둠 속으로 가라앉는 날이면,
흐릿하게 내 주변을 맴돌던
얇은 실이 한 가닥 있었다.

인상을 찌푸려야
보일 정도로
아주 가느다란 실.

잡아당기면 금방이라도 끊어질 것 같았지만
그 실을 붙잡을 수 밖에 없었다.
주변은 캄캄한 어둠 뿐이었고,
보이는 건 그 실 하나뿐이었으니까.

그 얇은 실 한 가닥을
의지하는 것 말고는
내겐 다른 선택지가 없었다.

그렇게 셀 수 없을만큼 수많은 밤을
캄캄한 어둠 속에서
희미한 실 한 가닥만을 붙잡아가며 혼자 울었다.

몇 번의 어둠을 보낸 후에
내 손을 내려다 보고서 깨달았다.

어둠 속에서 보이는 건
더 이상 희미한 실이 아니라
단단한 동아줄 이라는 걸.

우울과 절망,
외로움과 고통속에서
붙들었던

세미한 한 가닥, 한 가닥이 엮여서
어둠을 비추는 선명한 길이 되었다.

서툰 걸음으로
더듬더듬 따라가다보면,

언젠가 이 어둠의 끝에서
그 분의 품에 안길 수 있겠지.

예전엔 하나님 음성이 마치 흐릿한 실 같았어요.
그 누구도 내 편이 아니라고 생각했을 때
유일하게 들렸던
아주아주 세미한 소리의 위로였거든요.

그렇게 몇 년을 실 한 가닥만 붙잡고 살아왔다고 생각했는데,
어느 날 절망과 자책감, 우울 속에서
자연스레 하나님을 붙들고 있는 제가 있더라구요.

아주 흐릿하게 들렸던 그분의 사랑이 엮이고 쌓여서
지금은 나의 길을 비추고 내 마음을 붙잡는
굳건한 동아줄이 되었어요.

지금까지 그래왔듯,
앞으로도 계속 좌절하고
다시 주님 손 붙잡고 일어서고
고뇌하다가 주님을 알아가고
그렇게 살다가

이 시간의 끝에서 눈물로 주님 얼굴을 뵙기 원해요.

괜찮아, 내가 사랑을 들려줄게

초판 1쇄 발행	2021년 11월 8일
초판 5쇄 발행	2024년 4월 19일
지은이	jiieum
펴낸이	여진구
책임편집	최현수
편집	이영주 박소영 안수경 김도연 김아진 정아혜
책임디자인	조은혜 노지현 ǀ 마영애 이하은
기획·홍보	진효지
마케팅	김상순 강성민
제작	조영석 허병용
마케팅지원	최영배 정나영
경영지원	김혜경 김경희

303비전성경암송학교 유니게 과정
이슬비전도학교 / 303비전성경암송학교 / 303비전꿈나무장학회

펴낸곳	규장

주소 06770 서울시 서초구 매헌로 16길 20(양재2동) 규장선교센터
전화 02)578-0003 팩스 02)578-7332
이메일 kyujang0691@gmail.com 홈페이지 www.kyujang.com
페이스북 facebook.com/kyujangbook 인스타그램 instagram.com/kyujang_com
카카오스토리 story.kakao.com/kyujangbook
등록일 1978.8.14. 제1-22

ⓒ 저자와의 협약 아래 인지는 생략되었습니다.
이 출판물은 저작권법에 의해 보호를 받는 저작물이므로 무단 전재와 무단 복제를 할 수 없습니다.

책값 뒤표지에 있습니다.
ISBN 979-11-6504-253-0 03230

규ǀ장ǀ수ǀ칙

1. 기도로 기획하고 기도로 제작한다.
2. 오직 그리스도의 성품을 사모하는 독자가 원하고 필요로 하는 책만을 출판한다.
3. 한 활자 한 문장에 온 정성을 쏟는다.
4. 성실과 정확을 생명으로 삼고 일한다.
5. 긍정적이며 적극적인 신앙과 신행일치에의 안내자의 사명을 다한다.
6. 충고와 조언을 항상 감사로 경청한다.
7. 지상목표는 문서선교에 있다.

하나님을 사랑하는 자 곧 그의 뜻대로 부르심을 입은 자들에게는 모든 것이 合力하여 善을 이루느니라(롬 8:28)

규장은 문서를 통해 복음전파와 신앙교육에 주력하는 국제적 출판사들의 협의체인 복음주의출판협회(E.C.P.A:Evangelical Christian Publishers Association)의 출판정신에 동참하는 회원(Associate Member)입니다.